QUE SAIS-JE ?

Les enfants intellectuellement précoces

GÉRARD BLÉANDONU
Pédopsychiatre hospitalier

J'exprime ma gratitude pour la précieuse collaboration d'Alain Coudrot, psychologue spécialisé de longue date pour les enfants intellectuellement précoces.

ISBN 2 13 053925 4

Dépôt légal — 1re édition : 2004, mars

PROLOGUE

Voici une histoire édifiante[1]. Il était une fois un jeune berger dans la campagne française. Il ne reçut aucune éducation en gardant son troupeau (ou arrêta l'école après avoir obtenu le certificat d'études). Vint le temps du service militaire obligatoire. On lui fit passer des tests et on lui apprit qu'il avait un niveau intellectuel exceptionnel. Sitôt libéré, il entreprit de passer son baccalauréat, la maîtrise et le doctorat de physique. Il devint professeur dans une université française.

De nos jours, cette destinée ne risque plus de se reproduire. Mais elle permet de rendre hommage au corps enseignant de l'entre-deux-guerres et de l'après-guerre qui sut déceler les dons intellectuels chez les enfants issus des classes sociales populaires et leur permit d'entreprendre des études malgré le handicap socioculturel de départ.

Présenter des portraits types de surdoués est difficile. D'un côté, leurs histoires ont bien des ressemblances et, de l'autre, on est frappé par l'hétérogénéité d'une population constituée par la seule réussite aux tests de QI. En combinant les descriptions, on arrive à une sorte de portrait-robot brossé par les parents de ces enfants et les professionnels engagés à leurs côtés.

Ce portrait type correspond à bien des situations réelles. Mais ce ne sont pas forcément les plus courantes. Il y a une grande variété de manières de vivre la surdouance.

1. Voir R. Chauvin, Surdoués et réactions du public, *Neuropsychiatrie de l'enfant et de l'adolescent,* n° 10-11, 1969, p. 464.

Le mythe moderne du surdoué

Le mot « mythe » a plusieurs sens. Le surdoué a pu inspirer autrefois des récits mettant en scène des êtres fabuleux dotés de dons intellectuels exceptionnels. Par « mythe moderne », j'entends plutôt une image simplifiée que des groupes humains ont élaborée et diffusée au sujet du rôle joué par un don intellectuel.

L'enfant surdoué a tendance à dramatiser les événements de sa vie en raison de sa grande sensibilité. En retour, les parents participent de cette dramatisation. Arielle Ada a bien traduit ce phénomène en intitulant une section de son livre : « Les parents de l'enfant doué : le parcours du combattant ».

Il suffit d'envisager la réussite scolaire pour s'apercevoir du caractère réducteur de ce mythe. Environ un tiers des surdoués serait en échec scolaire, un autre tiers s'en tirerait plus ou moins bien tandis que le dernier tiers réussirait brillamment.

Il est plus facile de passionner le lecteur en s'inspirant du deuxième tiers auquel on attribue bien des difficultés et des épreuves. Ces dernières lui font frôler l'échec scolaire, mais le « héros » arrive à les surmonter grâce à sa famille et à des tuteurs de résilience.

Acte I

Les trois coups sont frappés au moment de l'entrée en maternelle. C'est difficile pour beaucoup d'enfants. Ce sera d'autant plus difficile pour l'enfant précoce du fait de sa grande sensibilité. Il est décidé à bien faire, à suivre les conseils et les recommandations de ses parents. Mais sa curiosité le pousse à poser beaucoup de questions. L'école lui fait comprendre que le personnel ne peut passer son temps à lui répondre, qu'il est loin d'être le seul dans sa classe. À la récréation, il est surpris de se retrouver souvent seul : les autres ne veulent pas jouer avec lui. Bref, il découvre vite qu'il est différent des autres enfants.

Le jeune surdoué se résigne aux compromis imposés par son entourage. Il compense en se défoulant chez lui. Il enchaîne les questions ; il accapare ses parents ou fait des bêtises. Il se met à apprendre à lire avec les textes que sa mère lui apporte au moment du coucher.

La lecture devient un exutoire et envahit sa vie. L'enfant arrive à connaître beaucoup de choses. Il parle avec aisance. Le décalage avec le reste de la classe s'accroît. La première année de maternelle se termine enfin. Les grandes vacances lui donnent l'occasion de déployer tous ses talents prometteurs : il brille aussi bien en sport que dans les arts.

Du moment que l'Éducation nationale n'a rien fait pour aménager sa scolarité, le petit doué n'échappe pas à son destin. Cela devient clair dès sa seconde année de maternelle. Il revient décidé à vivre comme il l'a fait pendant les vacances. Il apparaît « provocateur » et il se fait souvent punir. Cela développe son sens de l'injustice qui était déjà présent. Sa mère peine à expliquer qu'il s'est pourtant assagi à la maison. Elle ne tarde pas à se trouver englobée dans la réprobation et le rejet.

Un jour, l'enseignante excédée finit par dire à la mère : « Quelque chose ne va pas chez votre fils. Vous devriez le montrer à un psychologue. » La maman n'est pas convaincue par cette apostrophe. Mais, comme elle se pose elle aussi des questions, elle en parle au papa. Ils se décident à en avoir le cœur net, quitte à faire des dépenses imprévues.

Acte II

Dans cette histoire, on se rend plus volontiers chez une psychologue libérale, la spécialiste de l'intelligence. Elle propose d'administrer une batterie de tests.

L'enfant découvre pour la première fois, en dehors de ses parents, quelqu'un qui le comprend, qui le valorise. Non seulement il n'est pas coupable, mais encore il est excellent.

La psychologue dit à la maman que cet enfant, dont l'âge réel est de 5 ans, fonctionne comme un enfant de 10 ans. S'il ne se sent pas à l'aise dans sa classe, c'est parce qu'il s'ennuie. Il faudrait qu'il saute une classe pour trouver les stimulations nécessaires. La psychologue met par écrit les résultats du test à l'attention de l'enseignante.

Les parents décident d'informer la maîtresse. À la demande de le faire passer en grande section de maternelle, elle oppose l'absence de maturité de l'enfant : il ne sait pas s'habiller seul, il n'a pas de copain, il va jouer dès qu'il a fini son travail, il dessine de façon approximative, il écrit mal son prénom. (Un observateur neutre se demanderait s'il s'agit du même enfant.) L'institutrice renvoie sur la directrice qui se tourne vers l'inspecteur. Au final, les parents se heurtent à un refus ferme et définitif.

Mais ils ne sont pas décidés à en rester là. Ils savent pourtant qu'ils risquent d'aller de Charybde en Scylla en choisissant l'une des trois possibilités :

- soit ils laissent l'enfant végéter dans sa classe ;
- soit ils intensifient la pression sur l'école jusqu'à obtenir gain de cause ;
- soit ils inscrivent l'enfant dans un établissement privé plus compréhensif ou, à l'extrême, ils lui font l'enseignement à la maison.

L'imagerie médiatique préfère des parents qui militeront dans une association. Ils se relaient pour maintenir la pression sur l'école. Ils décident en fin d'année scolaire de demander l'arbitrage du conseil de cycle en vue du passage direct au CP. La décision tarde à arriver. Mais, de guerre lasse, les enseignants laissent passer l'enfant au CP.

Le passage au CP est loin de résoudre tous les problèmes. L'enfant sait déjà lire alors que les autres commencent l'apprentissage de la lecture. Il est aussi bon avec les chiffres qu'avec les lettres. Dans ce conte moderne, l'enfant tête de Turc se transforme en vilain petit canard. À lui de vivre ses dons comme un « merveilleux malheur ».

Acte III

La suite paraît trop complexe pour être détaillée. Le surdoué souffre de ses camarades. Il a beau alterner la résistance physique, bien qu'il soit plutôt un non-violent, et la séduction, il reste exclu et malheureux. Il peut être tenté par le pire. Puisque l'être intelligent peut toujours rentrer dans le rang en faisant la bête, l'enfant surdoué peut être tenté de renoncer à ses dons pour ne pas se faire rejeter.

Les parents ramènent alors l'enfant chez la psychologue. Elle préconise un changement. Elle choisit un nouveau saut de classe car son intelligence risque de dépérir sans nourriture suffisante. Les parents font une nouvelle demande auprès du conseil de cycle. Mais, cette fois, ils obtiennent tout au plus que l'enfant aille passer une heure par semaine dans une classe plus forte. Cet enfant risque d'être considéré comme « hyperactif » puisqu'il a toujours besoin de faire quelque chose. Les parents se sentent bien découragés.

Le conte rebondit en faisant apparaître au moment le plus noir (souvent au CE1) une maîtresse compréhensive. L'enfant peut enfin s'épanouir. Elle propose de lui faire sauter une classe. Ce *deus ex machina* affaiblit l'efficacité dramatique, mais il rend l'épopée plus véridique.

Ce conte moderne ne refuse pas l'éternel retour, et l'entrée en sixième inaugure un nouveau cycle d'épreuves. Cela s'explique par les deux ans d'avance et l'inadéquation des établissements du secondaire. Ses professeurs ne peuvent pas accepter qu'il raisonne à sa manière. L'enfant se replie sur lui-même. Il obtient de mauvaises notes. Il glisse vers la déprime.

La famille se replie sur elle-même. Les parents font travailler l'enfant d'arrache-pied le soir, le mercredi et les fins de semaine. L'épreuve est si intense que ce couple parental si uni en vient à se disputer. Les parents ramènent une nouvelle fois l'enfant chez la psychologue à laquelle ils sont restés fidèles. Elle conseille une psychothérapie qui confirme l'existence d'un vécu dépressif.

La prépuberté nous donne l'occasion d'arrêter là cette longue histoire. Ce genre d'enfant serait aussi précoce en faisant une « crise d'adolescence » avant l'âge courant. La psychologue, qui sait tout faire, entreprend de soigner toute la famille, y compris la fratrie. Les parents découvrent qu'il ne faut pas retirer trop vite le tuteur à une plante, même si elle est génétiquement exceptionnelle.

La leçon du mythe

« Un problème essentiel n'a pas reçu de réponse : celui de l'identification des enfants précoces (...) on attendra encore trop souvent qu'un enfant soit en échec pour le découvrir précoce (...). Or, plus tardive est l'identification, plus difficile sera la réactivation de l'intérêt pour la connaissance. »[1]

Ces propos expriment un point de vue fondamental. Mais des professionnels et des parents qui se si-

1. J.-C. Terrassier, préface de la 5e éd. du *Guide pratique*, p. 10.

gnalent dans le domaine des surdoués peuvent lancer des slogans tendancieux par leur généralisation. L'un d'eux peut se formuler ainsi : si l'enfant précoce n'est pas dépisté jeune, il peut se retrouver en échec scolaire ou il peut développer des troubles psychologiques parfois sévères.

Des lecteurs auront reconnu des parents, des connaissances ou se seront reconnus eux-mêmes à l'évocation de ces signes qui caractérisent les enfants surdoués. Certes, en l'absence de tests psychologiques, ils ne pourront pas être sûrs ou affirmer publiquement qu'il s'agit de surdoués. Il n'en demeure pas moins que beaucoup d'enfants surdoués sont de bons élèves et ne souffrent pas de problèmes psychologiques particuliers.

Voici l'exemple d'un enfant qu'on ne trouve pas dans les livres consacrés aux surdoués. En effet, il ne souffre d'aucune difficulté psychologique particulière, il réussit bien ses études et il ne brille dans aucune des performances évoquant l'enfant prodige. Pierre est un enfant unique dont les parents ont divorcé. Mais ils restent en bonne entente, ils s'occupent ensemble de l'éducation et des loisirs de leur enfant.

Ces parents s'étaient vite aperçus de la précocité intellectuelle de Pierre. Ils avaient demandé dès la première année de maternelle qu'il passe directement en grande section. L'institutrice ne le trouvait pas assez mûr. Il a été reçu par la psychologue scolaire qui l'a testé. Elle lui a trouvé un bon niveau intellectuel sans le qualifier de surdoué. L'école a refusé le saut de classe.

L'année suivante, Pierre a trouvé une institutrice qui a été d'accord pour qu'il aille directement au CP. Pierre a toujours eu de bons résultats scolaires malgré le saut de classe. À l'entrée en 6e, son père a eu peur que son fils n'ait pas assez de stimulations. Il avait été lui-même testé et son QI à 160 en fait un indiscutable surdoué. Je lui ai proposé un bilan psychologique.

Le psychologue a confirmé la surdouance. Il a reçu les parents et l'enfant pour donner les résultats des tests : QI total à 145 avec verbal à 145 et performance à 132.

À l'heure actuelle, Pierre s'oriente vers un métier scientifique. Il est bien dans sa peau. Il a de nombreux copains. Il fait du sport. Il a une petite amie.

Voici un exemple plus récent. Les parents d'Alexandre se sont séparés lorsqu'il avait 3 ans. Ils s'entendent sur son éducation. Il a été scolarisé à 2 ans et demi. Sa mère était troublée par le contraste entre un enfant rêveur, un peu en retrait à l'école, et un enfant éveillé, curieux à la maison. Il a été reçu par la psychologue scolaire. Elle l'a testé et elle lui a trouvé un QI à 110.

Comme ce décalage a persisté, les parents ont décidé de consulter un pédopsychiatre universitaire lorsque celui-ci avait près de 4 ans. Celui-ci leur a dit qu'Alexandre était certainement précoce, mais qu'il était trop jeune pour être testé. Selon son expérience clinique, Alexandre avait un QI verbal à 145 et un QI performance à 110. Les parents sont d'accord pour ne pas lui faire sauter de classe. Alexandre pose de nombreuses questions. Il s'intéresse à beaucoup de choses : le système planétaire, les trains, les fusées.

De nos jours, l'enfant surdoué s'en sort de plus en plus souvent. Il est aidé sur les plans pédagogique et psychologique. Il devient parfois une « vedette » dont on raffole et profite des nombreuses activités extrascolaires mises à sa disposition.

INTRODUCTION

Les enfants à haut potentiel intellectuel suscitent des intérêts multiples. Ils ont provoqué depuis près d'un siècle des recherches et des débats d'ordre pédagogique, psychothérapique et social.

Une appellation multiple

Le titre du livre de S. Côte suggère que certains enfants qui ont un niveau mental supérieur à la moyenne sont aussi bien qualifiés de *doués, surdoués, précoces.* Il va de soi que les trois adjectifs devraient être précédés de l'adverbe « intellectuellement ». Il est difficile de s'y retrouver parce que le langage courant recherche la simplicité, la facilité. Il est plus facile de dire « précoce » que « surdoué » et il est plus aisé de constater la précocité que la surdouance.

Mais cette pluralité de termes recouvre surtout un débat de fond. La notion de précocité va de pair avec celle de vitesse de développement. Ainsi l'enfant précoce développe-t-il plus vite ses capacités cognitives. L'enfant précoce arrive donc plus tôt à un certain stade du développement intellectuel. Mais s'il est rejoint au même stade par beaucoup d'autres enfants, en quoi consiste sa singularité ? En outre, il suffirait d'accélérer son cursus scolaire pour répondre à ses besoins particuliers.

Nous constatons que l'usage conduit à parler plus souvent de précocité que de surdon ou de surdouance, à l'instar des associations françaises d'enfants précoces. Le sigle EIP pour « enfant intellectuellement précoce » permet d'échapper à la complexité du sujet.

Dans les pays anglo-saxons, on préfère parler d'enfants surdoués puisqu'on a tendance à réunir les enfants à haut potentiel intellectuel avec les enfants talentueux, créatifs et prodiges.

Un sujet complexe

Sitôt que l'on se penche sur les ouvrages consacrés à ce thème, le mot « paradoxe » semble le plus à propos. Le lecteur est plongé dans des propos contrastés, contradictoires, inconciliables mais indissociables. L'enfant surdoué donne l'impression d'être à la fois un individu de l'excellence, de l'élite et un être nécessitant des mesures spéciales de protection.

Nombre d'auteurs déclarent qu'ils apportent enfin la vérité sur les surdoués. Ils soutiennent qu'avant eux on ne disposait que de croyances irrationnelles, de préjugés, d'images simplifiées sur la précocité ou le don intellectuels.

Si l'on range l'intelligence parmi les qualités humaines, elle peut toutefois devenir une cause d'inadaptation, d'échec chez un enfant lorsqu'il se heurte aux normes et aux réalités de l'école. De manière plus subtile, une grande intelligence peut influencer, gauchir la manière dont un enfant construit son identité. L'intégration devient difficile lorsqu'on voit très vite ce que les autres n'entreverront peut-être jamais. Il se produit un décalage entre les diverses lignes du développement : intellectuelle, affective, psychomotrice, etc.

Dès que l'enseignement a été généralisé à l'ensemble des enfants, on s'est aperçu que certains d'entre eux tiraient peu de bénéfices de leur scolarité. En 1911, Binet inventa la mesure de l'intelligence. Il avait mis au point un test d'intelligence pour identifier les débiles mentaux. Cela a permis l'ouverture de classes dites de perfectionnement. À cette occasion, on a remarqué aussi que d'autres enfants étaient dotés, de par leur « nature », de grandes aptitudes intellectuelles. Certains ont été intrigués par leur capacité à réaliser dans de nombreuses activités des performances qui restent hors de portée des enfants du même âge. Les surdoués sont alors apparus comme une ressource naturelle inexploitée ou très peu exploitée. Lorsque l'on se penche sur la question du sort des surdoués, il est important de regarder la manière dont la société traite de l'élite en général.

Binet écrivait, au sujet de « l'écolier qui ne profite pas de l'enseignement pour une raison paradoxale », qu' « il est trop intelligent ». Ces enfants brillamment doués s'aperçoivent qu'ils n'ont pas besoin de grands efforts pour gagner la meilleure place. Ils apprennent les leçons au dernier moment, ils ne travaillent que s'ils sont intéressés. Ils se montrent volontiers insubordonnés. Ils empêchent les autres de travailler à l'étude.

Ces enfants suscitent des réactions ambivalentes. On leur en veut, on les évite et on les punit pour leur attitude en classe, mais on en est fier lors des examens et des concours. Binet avait bien exprimé ce sentiment en disant que c'est par l'élite, et non par l'effort d'une moyenne, que l'humanité invente et progresse, qu'un enfant d'intelligence supérieure est une force à ne pas laisser perdre.

Le débat démocratique sur l'éducation était relancé. Si l'égalité veut dire uniformité en matière d'éducation, elle entraîne l'inégalité des chances pour les moins (les déficients mentaux) et les plus doués (les surdoués). La démocratie consiste-t-elle à éduquer tous les enfants comme s'ils étaient identiques de par leur nature humaine ?

La place des surdoués permet de s'interroger sur l'évolution de la société

La France a joué un rôle pionnier au début du XXe siècle en fournissant le test pour mesurer l'intelligence. Mais l'intérêt marqué pour les enfants à haut potentiel intellectuel se manifeste surtout depuis une trentaine d'années. Il est essentiellement le résultat de l'action militante de quelques parents et professionnels (enseignants, psychologues). Ils se sont regroupés en associations, très peu représentatives par leur nombre d'adhérents, mais qui arrivent à faire entendre leurs revendications auprès de l'Éducation nationale. Par contre, cet intérêt a fourni très peu de travaux scientifiques. Il n'en va pas de même dans d'autres pays.

Dès le début du XXe siècle, Terman, un psychologue américain, a su très vite réviser le test d'intelligence Binet-Simon. Il entreprit alors une recherche sur une grande cohorte d'enfants surdoués. Les résultats qu'il a publiés durant plusieurs décennies restent une base aussi solide que riche. Les recherches ultérieures ne les ont guère renforcés ou contredits.

Ce n'est pas par hasard qu'un intérêt constant pour les surdoués s'est manifesté dans la première moitié du XXe siècle aux États-Unis ainsi qu'en Angleterre et en Allemagne. Cela doit être mis en perspective avec l'évolution du travail et de l'éducation dans les sociétés les plus industrielles.

L'intérêt pour les surdoués est apparu en France dans les années 1970, c'est-à-dire à la fin des « Trente Glorieuses ». La société postindustrielle a vu le jour après une seconde révolution technologique qui s'est produite dès la fin de la Seconde Guerre mondiale. Elle est associée au recours à l'énergie nucléaire, au développement des ordinateurs et à la conquête de l'espace.

La France est passée d'une population rurale, en majorité paysanne, à une population vivant en majorité dans des villes et travaillant dans le secteur tertiaire.

Tous les pays postindustrialisés ont connu une forte poussée du secteur des services – à savoir, du travail à prédominance intellectuelle. La France est en voie de rejoindre le nord de l'Europe et l'Amérique du Nord où la part des services dans la totalité des emplois dépasse 70 %. L'épanouissement du secteur tertiaire a entraîné une progression continue des professions salariées non ouvrières.

Le nombre de personnes exerçant des professions « intellectuelles » et des fonctions de cadre est de plus en plus important en raison du développement des nouvelles technologies d'information et de communication, du souci d'optimiser les ressources humaines, du renforcement des commerciaux et des technico-commerciaux dans les entreprises. Cette poussée explique l'intérêt de la société du XXIe siècle pour l'éducation, la santé, la recherche et l'innovation technologique.

D'autre part, on estime que le nombre des surdouées et celui des surdoués est identique. Si la plupart des femmes qui faisaient partie de l'enquête menée par Terman ont dû devenir des femmes au foyer, il n'en serait pas de même aujourd'hui.

La féminisation des professions intellectuelles n'a cessé de croître. Les mères sont devenues plus averties quant au don intellectuel de leurs enfants.

Pourquoi s'intéresser encore aux enfants surdoués en ce début du XXIe siècle ?

Tout en paraissant destinés par leur nature à fournir les meilleurs élèves, les surdoués peuvent connaître des difficultés et l'échec à l'école.

On peut être choqué de l'intérêt porté à un sujet élitiste à une époque où les inégalités économiques se sont accrues. L'individualisme caractérise de nos jours les sociétés occidentales et il est devenu l'épicentre de la modernité. Comment concilier le plein épanouissement de toutes les formes de talent et le progrès de la collectivité ? Comment permettre la satisfaction des individus qui aspirent à réussir leur vie sans se sacrifier aux besoins généraux ? En régime démocratique, il faut préciser les obligations de la société envers les surdoués et, réciproquement, ce que la société attend d'eux.

« Toutes les époques, tous les régimes politiques, toutes les sociétés ont besoin d'élites », écrivait de Craecker en 1951. Les deux grandes guerres du XXe siècle ont suscité des travaux et promu des mesures en faveur des enfants intellectuellement doués, soit pour répondre à un besoin de justice sociale dans les masses, soit pour compenser les pertes en personnes de qualité. Les surdoués devraient être parmi les plus aptes à trouver des solutions à la survie et à l'amélioration des hommes. Ils peuvent aider à connaître la place occupée par le cerveau dans l'évolution des êtres vivants.

Il convient de resituer les enfants surdoués français dans un contexte global. Cette histoire a commencé au début du siècle précédent alors que certains parents ou professionnels voudraient ne prendre en compte que ce qui s'est passé depuis les années 1970.

Cette mise en perspective permet de mieux saisir les critères qui ont conduit à des appellations si diverses. On peut extrapoler sur le nombre d'enfants surdoués. On doit s'interroger sur les rapports des surdoués avec les enfants talentueux et créatifs ou prodiges.

Toutes sortes d'indices pédagogiques ou cliniques permettent de repérer les enfants surdoués. Mais le seul critère indiscutable reste le QI. Cela nous conduit à nous demander ce qu'est l'intelligence, les solutions pour la mesurer. On s'est aperçu de la diversité des types d'intelligence. Enfin, on ne peut ignorer le débat au sujet de l'inné et de l'acquis.

Les enfants surdoués sont évalués grâce à des tests qui furent d'abord conçus pour dépister des enfants qui avaient du mal à apprendre, ceux qualifiés de débiles mentaux. Il paraît judicieux d'éclairer le débat sur les surdoués avec ces données plus anciennes et plus nombreuses. Cela ravive l'intérêt de la notion d'intelligence sociale.

Alors que l'historique met l'accent sur les liens des surdoués avec les génies, sur leur rôle dans la constitution des élites, on ne cesse d'allonger la liste de leurs difficultés psychologiques.

Un des nombreux paradoxes des enfants surdoués est qu'une portion importante d'entre eux se retrouve en difficulté, voire en échec, dans leurs études. Des enseignants ont apporté plusieurs types de réponses pédagogiques. Là encore, il est éclairant de savoir ce qui s'est passé en dehors de l'Hexagone.

Mais la scolarité ne représente qu'un moment de la vie dont la durée ne cesse de s'allonger. Il convenait donc de s'interroger sur le devenir lointain des surdoués. Un haut potentiel intellectuel donne-t-il davantage de chances de bien vieillir ?

Plus généralement encore, la question des enfants surdoués est intimement liée à notre perception de l'intelligence. Un des moyens d'observer notre rapport à l'intelligence est d'analyser la manière dont nous abordons un domaine de recherche récent, l'intelligence artificielle.

Chapitre I

L'HISTORIQUE

Dès qu'il y a eu vie en société, il est apparu que certains avaient reçu des dons exceptionnels, que ce soit dans leur corps (force, habileté) ou dans leur esprit (ruse, sagesse, inventivité). Ces dons ne pouvaient provenir que des dieux en ces temps lointains. Aussi ces individus exceptionnels ont-ils alimenté des mythes.

L'hérédité du génie

Ce n'est qu'à partir du XIXe siècle qu'on a entrepris une étude scientifique de ces individus exceptionnels. Francis Galton, un noble anglais, se distingua dans diverses disciplines. Il commença par étudier la biographie d'hommes célèbres, ceux qu'on avait considérés comme des génies.

Galton s'aperçut qu'il y avait beaucoup de personnes remarquables dans la famille des génies. (Il était lui-même le cousin de Charles Darwin, qui fit date dans la science avec sa théorie de l'évolution.) Il en conclut que le génie était héréditaire, d'où le titre de son ouvrage publié en 1869 : *Hereditary Genius*.

Galton fit un apport décisif aux mesures quantitatives. Au lieu de réaliser des analyses de plus en plus fines sur quelques sujets longuement observés, il proposa une méthode permettant de mesurer rapidement un grand nombre d'individus. Il permit l'étude du niveau d'intelligence d'un individu à l'aide d'un échantillon de tests. Il rendit possible l'étude statistique des corrélations entre les différences individuelles.

En Italie, Cesare Lombroso fut également influencé par la théorie de l'évolution de Darwin. Il considéra le criminel, en raison de ses caractéristiques anatomiques et physiologiques, plutôt comme une survivance du « sauvage primitif » que comme un déviant social. Lombroso s'intéressa vers la fin du XIXe siècle à un autre type de déviant : l'homme de génie. Il soutint la proximité de celui-ci avec l'aliéné.

L'intérêt pour les génies a été couplé avec celui pour les enfants surdoués dès le début du XXe siècle, c'est-à-dire à une époque de grands changements sociaux et culturels. Les recherches n'ont pas été localisées dans un seul pays et ont bénéficié d'emblée d'échanges internationaux.

La fabuleuse étude de Terman

Au tout début du XXe siècle, alors qu'il étudiait la psychologie aux États-Unis, Terman fit l'inventaire des travaux de Galton. Il se passionna pour les petits « génies » au point d'en faire l'unique intérêt de sa carrière professionnelle. Il put satisfaire sa passion dès qu'il prit connaissance de l'échelle pour mesurer l'intelligence mise au point en France par Binet et Simon. Il révisa le test et il élargit son utilisation. L'adaptation américaine du Binet-Simon se répandit sous l'appellation « Stanford-Binet ».

Lorsque les États-Unis se lancèrent dans la Première Guerre mondiale, Terman fut à l'origine de la première utilisation à très grande échelle des tests d'intelligence. Afin de maîtriser les innovations technologiques introduites lors du conflit en Europe, il fallait chez les combattants un esprit efficient tout autant que des muscles solides.

Terman fut nommé professeur de psychologie à l'Université Stanford en 1922 et il y resta jusqu'à sa retraite en 1942. L'étude qu'il mena fut assez extraordinaire par son ampleur et surtout sa durée. La sélection porta sur 250 000 enfants de la Californie. Terman s'adressa aux enseignants pour opérer la sélection. Il leur demanda de désigner les trois élèves les plus intelligents de leur classe, ainsi que le plus jeune et le plus intelligent de l'année précédente.

Tous ces enfants furent soumis au test « Stanford-Binet ». Il plaça la barre haut puisqu'il retint seulement les enfants dont le QI atteignait 140 (le plus bas à 135 et le plus haut à 200). On testa aussi les frères et les sœurs de ces enfants. Cela permit d'inclure dans la cohorte des enfants de 6 et 7 ans. L'âge moyen des enfants était de 11 ans en 1921. Au total, Terman choisit un peu plus de 1 500 enfants et il les compara à un groupe témoin de 600 enfants.

Terman recueillit une masse énorme d'informations au moyen des tests, d'une part, de questionnaires remplis par les parents et les enseignants, d'autre part. Ces informations portaient non seulement sur les aspects intellectuels (performances mentales, résultats scolaires, intérêts culturels), mais aussi sur la santé physique, le caractère, les goûts, le milieu familial.

Les résultats furent publiés en 1925 dans le premier volume des *Genetic Studies of Genius*[1]. Terman se situait dans la suite de Galton puisqu'il parlait de « génies » et non d' « enfants surdoués »[2].

Terman fit de nouveau tester les sujets six ans plus tard pour savoir si leur QI n'avait pas changé et si leur réussite scolaire correspondait aux espoirs placés en

1. Ces études n'ont pas été traduites en français, mais une excellente analyse en a été fournie en 1951 par de Craecker.

2. Nous passons sous silence le deuxième volume parce qu'il est consacré à une extrapolation sur les génies des siècles passés de façon à assurer la thèse de l'hérédité du génie. Terman et Cox montrèrent que les génies avaient fréquemment des parents géniaux.

eux. Les résultats fournirent la matière du troisième volume qui fut publié en 1930. Terman tint bon puisqu'il compléta le suivi en 1936, 1940 et 1945. Il indiqua de quelle manière vivaient ces adultes d'âge moyen dans le quatrième volume édité en 1947.

Quelques enseignants américains n'avaient pas attendu la recherche scientifique sur les surdoués pour satisfaire les besoins éducatifs des enfants qui se distinguaient par leur grande propension aux études et par leurs prestations bien supérieures à la moyenne. Ces précurseurs proposèrent des mesures consistant à sauter le programme d'un trimestre ou d'une année ou à accélérer leur cursus. Terman n'était plus isolé dans son pays car une association en faveur des enfants surdoués s'était créée dans les années 1940.

Nous allons laisser là provisoirement cette histoire, bien que le départ à la retraite de Terman n'ait pas empêché l'enquête de se poursuivre. Nous disposons d'informations sur la cohorte durant la vieillesse. Nous y reviendrons dans l'avant-dernier chapitre.

Les critiques adressées à Terman

Il convient de connaître les critiques adressées à la recherche de Terman. On a peu critiqué les évaluations techniques (par exemple, le QI moyen a été légèrement revu à la baisse). L'essentiel a porté sur l'idéologie sous-tendant l'enquête.

Le biais se situe dans le mode de sélection. Les enfants choisis par les maîtres étaient les meilleurs élèves, mais pas forcément les plus intelligents. Terman s'est lui-même aperçu que des surdoués pouvaient se trouver parmi les élèves en échec scolaire. Il avait fait réaliser un contrôle en comparant la sélection des enseignants avec l'ensemble des élèves de quelques écoles. Il s'était aperçu qu'il aurait recruté

25 % d'enfants de plus que ceux sélectionnés par les enseignants.

On a aussi noté que la cohorte comportait peu d'enfants avec des problèmes psychologiques. Ce biais dans la sélection explique peut-être la meilleure réussite professionnelle des surdoués choisis. On a aussi remarqué qu'il n'existait guère de « génies » parmi eux, et même peu de « créateurs ».

Terman partageait les préjugés de son époque contre les femmes. Les filles étaient nettement moins représentées que les garçons. 40 % d'entre elles sont devenues des femmes au foyer. Terman a été aussi critiqué sur la dimension ethnique. Il n'avait pas prévu le « politiquement correct » de la seconde moitié du XXe siècle aux États-Unis. Certains groupes ethniques comme les Italiens et les Espagnols étaient sous-représentés tandis que les Noirs se trouvaient presque absents. Enfin, les juifs bénéficiaient d'une nette sur-représentation.

Mais surtout Terman était persuadé de la « nature héréditaire du génie ». La différence de réussite dès la petite enfance le persuada que la cause essentielle réside dans les dons innés plutôt que dans l'environnement. Nous savons de nos jours que les dons innés nécessitent un environnement favorable pour s'épanouir.

La situation des surdoués durant le XXe siècle

Les deux guerres mondiales au cours du XXe siècle suscitèrent ou favorisèrent des recherches et des innovations en faveur des surdoués, soit pour répondre au désir de justice sociale dans les masses, soit pour compenser les pertes en chercheurs et en dirigeants. Un précurseur francophone mérite une mention spéciale, car il a rassemblé une information précieuse sur ce qui s'était passé aux États-Unis et en Europe de l'Ouest.

De Craecker a fait paraître en 1951 un livre sur les « enfants intellectuellement doués ». Sensibilisé par l'après-guerre, il a lié la question des surdoués à celle des élites. « Toutes les époques, tous les régimes politiques, toutes les sociétés ont besoin d'élites. »[1]

On peut faire un parallèle entre la manière de traiter les surdoués et celle de traiter les élites. Au début du XIXe siècle, les élites par naissance cèdent de façon progressive le pas à d'autres élites dont on exige intelligence, savoir et culture. Les écoles secondaires se multiplient mais les études coûtent cher et ne sont accessibles qu'aux enfants de la bourgeoisie. L'élite par la naissance s'efface devant l'élite par la fortune.

Au cours de la seconde moitié du XIXe siècle, on a réclamé l'égalité d'accès à l'enseignement secondaire pour tous les enfants, quelles que soient l'ascendance et la fortune des parents. Le mouvement en faveur des surdoués de la classe ouvrière ou de la petite bourgeoisie s'inscrit dans cette revendication sociale. Mais on ne résout pas ce genre de problème en fournissant seulement les moyens matériels de poursuivre les études. Il faut également adapter l'enseignement, comme cela avait été fait pour les débiles mentaux.

De Craecker était bien renseigné sur les travaux américains. Il connaissait aussi bien ce qui s'était passé en Allemagne. Au XIXe siècle des pédagogues allemands avaient essayé d'innover à propos de la scolarité des enfants intellectuellement doués. Une commission spéciale avait été constituée en pleine Première Guerre mondiale pour leur venir en aide. On créa dans plusieurs villes allemandes des écoles spéciales pour enfants surdoués. Mais les enfants surdoués trouvèrent une place privilégiée avec Hitler et le Parti

1. R. de Craecker, *Les enfants intellectuellement doués,* Paris, PUF, 1951, p. 3.

national-socialiste. Ils devinrent l'emblème du désir d'ascension sociale de classes pauvres et du besoin d'élites professionnelles.

De Craecker était Belge et il faisait savoir que, après les États-Unis et l'Allemagne, c'était la Belgique qui avait pris le plus en compte les surdoués. Elle avait mis en chantier la question dès la fin de la Grande Guerre. Cela avait débouché sur des lois novatrices : le « Code des mieux-doués ».

De Craecker a introduit la notion d' « élites multiples ». Les performances ne pouvaient plus être limitées aux domaines traditionnels du savoir, notamment à ceux de la culture classique. Les réussites les plus marquantes concernent aussi bien la vie sociale et économique. La notion d'élites multiples a été remplacée plus tard par celle d' « intelligences multiples », comme nous le verrons dans le chapitre suivant.

De Craecker était frappé par le contraste entre ce qui s'était passé en régime démocratique et en régime totalitaire. Dans l'Allemagne nazie, un individu surdoué, c'était celui qui avait des capacités intellectuelles supérieures dans un domaine utile au Parti.

L'utopie démocratique prétend fournir à tous l'occasion de s'adonner à des tâches stimulantes et de poursuivre un développement personnel satisfaisant. En pratique, les démocraties européennes ont cherché à concilier le plein épanouissement de toutes les formes de talent au bénéfice de la collectivité avec la satisfaction des individus qui aspirent à réussir leur vie sans se sacrifier entièrement aux besoins de la collectivité.

Les années 1950 ont vu se renforcer la « guerre froide » entre, d'un côté, les États-Unis et, de l'autre, l'URSS. Malgré l'antagonisme des régimes politiques, ces deux superpuissances ont chacune développé une politique en faveur des surdoués. Dans chaque camp, l'objectif était de sélectionner des hommes d'élite à qui confier des postes de commande ou des secteurs de pointe dans la recherche.

Une autre étape a été franchie après la fin de la Seconde Guerre mondiale. Ce fut d'abord la création en 1946 de l'association MENSA en Grande-Bretagne (à Oxford, plus précisément) qui regroupe des individus ayant un QI de plus de 132 au test de Wechsler (ou de plus de 151 au test de Cattell).

Mensa signifie « table » en latin. Une table (ronde) est censée permettre à tous les membres d'être sur un pied d'égalité, quelle que soit leur origine ethnique, sociale et culturelle. L'inspiration se déclare humaniste : « Détecter l'intelligence humaine et favoriser son développement pour le bénéfice de l'humanité. » MENSA compte aujourd'hui 100 000 membres dans le monde, mais les trois quarts viennent des États-Unis et de Grande-Bretagne. La France fournirait seulement 600 adhérents environ. D'autres associations ont vu le jour plus récemment. Certaines regroupent les associations des pays faisant partie du Conseil de l'Europe.

La situation française

En France, Julian de Ajuriaguerra serait le premier à avoir utilisé le mot « surdoué » dans son *Manuel de psychiatrie de l'enfant* publié en 1970. Ce psychiatre qui ressemblait à l'enfant surdoué par son esprit encyclopédique termina sa carrière au Collège de France.

Ajuriaguerra avait trouvé son inspiration chez les Américains, Terman en particulier. Le terme « surdoué » est l'adaptation française de *highly gifted*. Selon lui, il désigne un enfant dont les capacités dépassent « nettement la moyenne de celles des enfants de son âge ».

Le thème devient populaire en 1975 avec le succès obtenu auprès du grand public par le livre de Rémy

Chauvin, *Les surdoués*. À cette époque déjà, ce genre de succès était conditionné par des passages à la télévision. Près de 90 % des ménages disposaient de la télévision.

Chauvin, éthologue et professeur à la Sorbonne, avait fait œuvre de vulgarisation. Le sous-titre « Études américaines » ne laissait pas de doute sur cette intention. Enfin, il amenait du spectaculaire avec les enfants prodiges qui avaient fasciné l'auteur.

Il est probable qu'une autre raison a contribué au succès du livre : une liberté de ton dans le sillage de Mai 68. L'auteur magnifiait la créativité des petits prodiges plutôt que le labeur acharné des forts en thème.

Par la suite, l'intérêt pour les jeunes surdoués a surtout été entretenu par les associations animées par leurs parents et des professionnels de terrain. La plus ancienne association fut fondée en 1971, sur l'initiative d'un psychologue, conseiller d'orientation scolaire et professionnelle : Jean-Charles Terrassier. Il s'agit de l'ANPEIP (Association nationale pour les enfants intellectuellement précoces). La plus importante en nombre d'adhérents serait l'AFEP (Association française pour les enfants précoces). Elle est devenue indépendante de la précédente en 1995 sous l'impulsion de Sophie Côte, une enseignante du secondaire, mère d'enfants précoces.

Les débats sur les tests d'intelligence

On a émis des critiques envers les tests d'intelligence dès l'origine. Elles ont pris des allures et des accents différents en fonction de l'air du temps et de l'histoire de chaque nation.

Les critiques internes au domaine de la psychologie concernent le rapport entre le choix d'un test et une théorie de l'intelligence. Elles nous intéressent peu puisqu'il existe un consensus international sur les tests utilisés.

L'essentiel des critiques se range sous deux thèmes qui se recoupent. Les qualifications opérées par les tests sont-elles équitables ? Quel rôle l'hérédité joue-t-elle dans les différences cognitives entre les individus ? Nous nous limitons aux États-Unis, à l'Union soviétique et à la France.

Après la révolution, les dirigeants soviétiques ont encouragé la psychotechnique dans la mesure où ce qui était considéré comme scientifique devait participer à l'édification du socialisme. Moscou a accueilli en 1931 le VIIe Congrès international de psychotechnique. Les psychologues soviétiques paraissaient bénéficier de conditions de travail idéales.

Mais des critiques n'ont pas tardé à être portées contre les tests, si bien que les dirigeants politiques en interdirent carrément la pratique en 1936. Les justifications officielles sont aussi intéressantes que celles laissées dans l'ombre. Des critiques venaient du milieu enseignant qui reprochait aux psychologues d'avoir pris le pouvoir et d'avoir fait créer beaucoup de classes spéciales (comme aux États-Unis, on s'est battu pour faire triompher l'égalité).

Les autres critiques étaient plus profondes, très enrobées d'idéologie. Les tests, la psychotechnique avaient basculé dans l'autre camp. Ils apparaissaient comme des pratiques bourgeoises, dépourvues de base scientifique sérieuse. Il faut se souvenir qu'en 1926 Lénine avait dû imposer la NEP (Nouvelle politique économique), c'est-à-dire le rétablissement partiel d'une économie libérale, capitaliste. Cette politique permit d'augmenter la production, mais elle favorisa aussi la spéculation.

Staline engagea l'URSS dans la voie d'une industrialisation intensive. La réussite de cette industrialisation s'est accompagnée d'un accroissement considérable de la population urbaine. Le nombre d'ouvriers et d'employés fit un bond en avant tandis que les cadres, plus nombreux aussi, jouaient un rôle important. On accorda davantage d'attention aux problèmes de la main-d'œuvre et de l'instruction.

Sur le plan psychologique, les émulations diverses aboutirent dès 1935 au stakhanovisme. Le petit surdoué n'est-il pas prédisposé à devenir un modèle de productivité ? Il fallut attendre les années 1970 pour que les tests réapparaissent en Russie.

En France, les tests sont longtemps restés limités à l'enseignement primaire, à l'éducation spéciale et à certains asiles d'aliénés accueillant des déficients mentaux. Les professionnels qui ont proposé et mis en œuvre les tests du début du XXe siècle au lendemain de la Seconde Guerre mondiale sympathisaient avec les politiques qui espéraient faire progresser la justice sociale.

Dès la fin de la guerre, un bouleversement idéologique survint. Une partie de l'intelligentsia, traditionnellement de gauche, reprit les critiques soviétiques à l'encontre de la psychotechnique. « Les psychologues des années 1930 qui pensaient contribuer au progrès social en préconisant des tests sont présentés comme des idéalistes naïfs. »[1] Les tests sont perçus comme un moyen pseudo-scientifique de confirmer et de faire accepter les inégalités d'ordre social.

Ces débats ont pris fin avec la chute du système soviétique. Les polémiques sont redevenues surtout une affaire d'universitaires, d'intellectuels. Dans ce milieu, les surdoués sont largement présents. Mais il n'y avait

1. M. Huteau, J. Lautrey, *Les tests d'intelligence,* Paris, La Découverte, 1997, p. 92.

pas de véritable enjeu social puisque les tests en tant que méthode d'observation objective n'ont jamais été véritablement remis en question.

Aujourd'hui, les débats continuent de porter sur l'égalité, l'équité dans les procédures d'affectation sociale. Il s'agit d'un choix de valeurs, d'options politiques, de la manière de concevoir l'homme et la société. En ce qui concerne la part de l'inné et de l'acquis, personne ne peut plus soutenir que le patrimoine héréditaire porte ses fruits sans rencontrer un milieu qui le reconnaît et lui permet de s'épanouir. Mais le poids respectif de l'un et de l'autre dans l'intelligence reste un mystère ou une affaire de conviction.

Chapitre II

DÉFINITION ET QUALIFICATION

Les auteurs qui cherchent à améliorer le sort des surdoués insistent sur la nécessité de les repérer et de les qualifier tôt. Il faudrait donc arriver à un accord général sur une définition des enfants intellectuellement doués. Or la grande variété des appellations reflète la difficulté à fournir une définition acceptée par tous.

Qu'est-ce qu'un enfant surdoué ?

Ainsi que nous l'avons déjà évoqué, l'expression nous vient des États-Unis et résulte de la traduction de *gifted child*. C'est Coy qui aurait, le premier, proposé en 1923 cette appellation pour les enfants dont le QI est élevé.

Le Petit Robert a retenu 1975 – c'est-à-dire la date de parution du livre de Chauvin – comme date d'apparition du mot en français. Ce dictionnaire en donne la définition suivante : « qui est d'un niveau mental supérieur à la normale » (édition 2000). L'usage du terme s'est répandu avec l'action militante des parents d'enfants surdoués, surtout à partir des années 1980.

Le choix de ce terme annonçait clairement une prise de position : un enfant surdoué est « un enfant dont l'efficience intellectuelle, évaluée par des tests, est supérieure à celle obtenue par la majorité des enfants de son âge » (*Le Petit Larousse*, 1987). Certains ont jugé le terme « politiquement incorrect » parce qu'il pécherait par orgueil et qu'il produirait une confusion avec les enfants prodiges. Ils ont préféré mettre en avant la précocité intellectuelle. Un enfant est considéré comme intellectuellement précoce quand son intelligence se développe plus vite que celle des enfants de son âge. On a même proposé le sigle plus discret EIP pour « enfant intellectuellement précoce ». Il est vraisemblable que la création du néologisme « douance » par les québécois relève du même esprit.

On n'a pas manqué de découvrir les effets indésirables du terme « précoce » (jusqu'à quel âge... ?). Certains se sont servis du mot « doué » de façon à banaliser l'exceptionnel. Bien qu'il s'agisse au sens strict d' « enfant à quotient intellectuel élevé », on peut dire aussi bien « enfant doué », « surdoué » ou « précoce », comme le suggère le titre du livre de S. Côte.

Les caractéristiques extérieures des surdoués

Il est difficile de présenter des signes reconnus par tous pour caractériser les surdoués. Il est clair que ce sont des *signes de précocité* que l'on retrouve. L'entrée au CP, la première année du primaire après le cycle de la maternelle, rend plus facile la découverte du don intellectuel.

Terrassier a proposé un « inventaire d'identification »[1]. Il a retenu une vingtaine de critères auxquels il a affecté un coefficient. Tous les critères n'ont pas la même pertinence. Il attribue le maximum de points au fait que l'enfant ait été capable d'apprendre à lire avant le cours préparatoire, où l'enfant entre en général à 6 ans. Ce n'est pas un critère exclusif, mais c'est l'un des plus aptes à confirmer une impression d'ensemble.

1. J.-C. Terrassier, *op. cit.*, p. 59-60.

Dès leur jeune âge, les enfants intellectuellement doués se manifestent par :

- une grande curiosité qui les pousse à poser beaucoup de questions, des questions souvent variées et originales ;
- la recherche du dialogue avec les adultes ;
- le choix de camarades plus âgés qu'eux ;
- un grand intérêt pour les livres, en particulier pour les encyclopédies et les dictionnaires ;
- un attrait pour les jeux compliqués, de stratégie par exemple ;
- la tendance à travailler seul ;
- un désintérêt pour les tâches faciles et routinières ;
- la capacité à faire des observations perspicaces sur les gens et à les juger ;
- le sens de l'humour, etc.

On ne retrouve pas toutes ces caractéristiques chez tous les surdoués. Il arrive que deux surdoués présentent des particularités opposées, mais qui expriment pourtant une même caractéristique. Il n'y a pas une liste de signes qui permettraient de « faire le diagnostic », d'affirmer avec certitude que tel enfant est surdoué. Le regroupement de plusieurs signes conduit seulement à proposer un bilan psychologique. Tout le monde s'accorde au moins sur un principe : on ne peut pas être sûr des dons intellectuels si l'enfant ne passe pas des tests d'intelligence.

Comment qualifier un enfant surdoué ?

On peut découvrir des enfants dotés d'aptitudes intellectuelles remarquables à partir des observations faites par les parents et les enseignants et des résultats scolaires. Cependant, on admet en général que *le seul critère indiscutable est le quotient intellectuel.* On le détermine grâce à différentes batteries de tests. Un enfant est reconnu comme surdoué lorsqu'une évaluation rigoureuse par un psychologue patenté lui a trouvé un QI nettement au-dessus de la moyenne.

Si tout le monde s'accorde à faire la qualification à partir du QI, les avis restent partagés pour fixer le seuil. *Le concept de surdoué implique l'idée qu'à partir d'un seuil l'augmentation produit un changement qualitatif.* Mais la fixation de ce seuil reste affaire de convention.

La fourchette retenue pour fixer ce seuil va de 120 à 140, voire au-delà. La palme revient au *Petit Robert* (2000) qui retient toujours un QI supérieur à 170. Terman avait fixé le seuil à 140 pour se donner une marge de sécurité. À l'inverse, certains États américains n'hésitent pas à baisser la barre à 120. La limite la plus souvent adoptée dans l'enseignement, aussi bien aux États-Unis qu'en Grande-Bretagne, est autour de 130 à 135.

Sous l'influence de Terrassier, les associations françaises ont choisi 125. Nous savons que MENSA a choisi le seuil de 132. L'auteur de ce livre pense que le seuil le plus souvent admis est le bon, soit 130. C'est là que se produit un petit changement qualitatif assez caractéristique.

Combien sont-ils ?

La fixation du seuil n'est pas anodine parce qu'elle détermine la taille de la population et, par conséquent, le « marché du recrutement ». MENSA a choisi un QI supérieur à 132 de façon à limiter le recrutement à 2 % seulement de la population. Un QI à 130 permettrait de sélectionner parmi 2,3 % de la population enfantine.

Étant donné qu'en France la scolarité est obligatoire pour les enfants de 6 à 16 ans, l'effectif concerné

adolescents[1]. En mettant
ns revendiquent plus du
te. Avec le seuil à 120, on
par classe tandis qu'avec
is l'exceptionnel, 1 pour
t par école.

Les surdoués ne sont pas des enfants prodiges, mais ils peuvent bénéficier de talents particuliers

Ajuriaguerra avait donné une définition qui ne reposait pas seulement sur la psychométrie : est surdoué « celui qui obtient un QI à 140 (notion quantitative) et qui présente des traits de personnalité exceptionnels du point de vue qualitatif (talent créateur dans un ou plusieurs domaines) ». Le psychiatre français avait repris à son compte le point de vue américain. Celui-ci rassemble les talentueux avec les surdoués *(talented and gifted)*.

Cette tradition s'est toujours maintenue. Une psychologue américaine, Ellen Winner, a repris récemment ce point de vue à partir de la thèse de Howard Gardner (son mari) sur les intelligences multiples. Elle a accordé une large place aux « enfants artistes et musiciens » au côté des « surdoués polyvalents ».

Les associations françaises n'aiment pas le mélange des genres. Le surdoué français se contente d'avoir des compétences supérieures dans un ou plusieurs domaines d'activités intellectuelles tandis que le talentueux disposerait d'un talent lui permettant une performance supérieure dans d'autres domaines d'activités (sport, arts, etc.).

La position française a le mérite de simplifier la démarche intellectuelle. Cela n'empêche pas d'ouvrir la

1. Rapport Delaubier, p. 5.

discussion en envisageant des formes d'intelligence très éloignées des aptitudes évaluées par les tests de niveau intellectuel. Nous n'en retiendrons que trois : intelligence sociale, émotionnelle et pratique.

Les surdoués sont-ils aussi performants en matière sociale, émotive et pratique ?

Beaucoup de spécialistes des enfants surdoués sont des enseignants universitaires ou des chercheurs. Ils ont tendance à faire évoluer ces enfants dans un univers de pure intelligence. La réalité quotidienne s'en éloigne beaucoup. Elle est souvent dominée par la lutte pour le pouvoir, la recherche cynique de l'ascension sociale. Enfin, l'intelligence peut se mettre au service d'une volonté de destruction et la rendre redoutable.

Dans la mythologie grecque, dès que l'univers a été créé, une question a dominé : Qui sera le roi ? Zeus a pris le pouvoir notamment grâce à la *Métis,* la ruse, cette forme d'intelligence qui permet de tromper les personnes, d'anticiper ce qui va se passer, de prévoir les attaques.

Cette forme d'*intelligence sociale* caractérise aussi le plus humain des héros grecs : Ulysse. Celui-ci évolue au premier plan de l'*Iliade* avant de devenir le centre de l'*Odyssée.* Ce personnage rusé a la capacité de trouver des issues aux situations les plus inextricables, de se tirer d'affaire en racontant des bobards, en faisant prendre des vessies pour des lanternes. En bref, l'homme aux mille ruses est doué de cette forme d'intelligence qui permet la réussite de l'homme politique.

De nos jours, l'intelligence sociale permet de comprendre les pensées, les sentiments, les actes d'autrui. Elle favorise une interaction sociale adaptée. Divers instruments d'évaluation ont été mis au point pour cerner cette forme d'intelligence mais ils sont bien moins probants que les tests d'intelligence classique.

L'*intelligence émotionnelle* désigne la capacité à connaître et à réguler ses émotions ainsi que celles des autres, à se servir de ses informations pour réfléchir et agir. Il est banal de constater qu'un QI élevé ne permet pas de prévoir une réussite professionnelle ou familiale. On a proposé un quotient émotionnel ou QE et une batterie de tests pour évaluer la gestion des émotions. Mais, là encore, on a été moins efficient qu'avec le QI.

Les dessins humoristiques savent faire sourire en montrant la maladresse du grand intellectuel dans la vie pratique. Avoir un QI élevé n'implique pas toujours une bonne adaptation dans la vie quotidienne et une prédisposition aux gestes professionnels. Il existerait une *intelligence pratique* dont la connaissance serait « tacite ». Cette connaissance serait intriquée à l'action instrumentale et acquise sans l'aide des autres. Là aussi, divers tests ont été proposés pour évaluer cette forme d'intelligence.

Les résultats des tests montrent que les intelligences sociale, émotionnelle et pratique sont assez peu corrélées avec l'intelligence générale dite académique que mesurent les tests classiques.

L'enfant surdoué est-il créatif comme l'enfant prodige ?

Le dernier volet dans la définition d'Ajuriaguerra concerne la créativité. Les auteurs français préfèrent distinguer les surdoués et les créatifs, étant entendu que certains arrivent à être des surdoués créatifs. De leur côté, les auteurs américains sont orientés par la décision d'associer les surdoués et les talentueux. Cette décision tire les surdoués du côté des prodiges.

Le point de vue soutenu par Winner paraît suffisamment explicite pour permettre au lecteur de se faire sa propre opinion. Un enfant surdoué est un enfant doté à la naissance d'un don lui permettant d'exceller dans un ou plusieurs domaines intellectuels. Le prodige apparaît comme une version extrême de l'enfant surdoué ; il est capable de fournir dès l'enfance ce qu'on attend d'un adulte exceptionnel.

Les enfants prodiges font souvent preuve d'une certaine créativité, c'est-à-dire qu'ils découvrent par eux-mêmes les règles et les gestes techniques propres à un domaine, avec un minimum d'aide de la part des adultes. Ils n'hésitent pas à imaginer des manières personnelles et inédites de résoudre les difficultés qu'ils rencontrent.

Il faut distinguer créatif et créateur. Les surdoués peuvent être créatifs, mais ils ne peuvent pas être créateurs comme certains adultes d'exception. Les surdoués peuvent devenir des experts dans leur domaine de prédilection, mais l'expertise n'est pas la créativité. Les experts atteignent un niveau de compétence très élevé dans un domaine bien précis, mais ils ne le modifient pas, ne le transforment pas.

La créativité ne requiert qu'un degré minimal de compétence intellectuelle. *Au-dessus de 120, il n'y a plus de relation entre le QI et les facultés créatrices.* Le passage d'une enfance surdouée à une maturité créatrice dépend beaucoup moins des acquisitions scolaires, de l'aptitude à apprendre que de facteurs liés à la personnalité et à la motivation. Les créateurs sont des êtres prêts à sacrifier le confort, la détente et les relations familiales au bénéfice de leurs travaux, de leur création.

Les très hauts QI

On dit qu'un enfant avec un QI de 190 diffère autant des surdoués moyens avec un QI à 130 que ces derniers sont différents d'un enfant avec un niveau intellectuel limite à 70. Le portrait type de l'enfant extrêmement doué est celui d'un être en marge de la socialisation. Plus le QI se situe aux extrêmes de la courbe de Gauss, plus la marginalisation s'accentuerait.

Terman s'était aperçu que les enfants dotés d'un QI exceptionnel rencontraient d'importantes difficultés d'intégration sociale. Selon lui, ceux dont le QI atteignait ou dépassait 160 faisaient partie des humains qui avaient le plus de mal à s'adapter socialement. Les enfants modérément doués semblaient équilibrés du point de vue affectif. Ils se faisaient facilement des amis.

Les enfants de QI égal ou supérieur à 160 disposent de l'intelligence d'un adulte alors que leurs émotions et leur corps restent ceux d'un enfant. On les décrit comme des êtres introvertis, n'aimant pas se mêler aux autres ou voulant jouer aux petits chefs, anxieux, déprimés, peu sûrs d'eux-mêmes, ou méfiants et méprisants envers ceux de la moyenne. Ces relations difficiles avec leurs pairs font contraste avec le soutien exceptionnel reçu dans leur famille. Nous verrons plus loin que les Slans, héros d'un roman de science-fiction, illustrent tout à fait le vécu de ces très hauts QI.

L'enfant doué et l'enfant forcé

Le forçage désigne la culture des plantes que l'on fait pousser hors de saison ou en dehors de leur milieu naturel. La précocité intellectuelle peut être l'indice d'un don naturel, mais aussi d'un forçage. On a toujours suspecté les parents d'enfants surdoués ou prodiges d'avoir pratiqué le « forçage » avec leur enfant. Il est indéniable que certains parents poussent leur enfant trop tôt à entreprendre certaines activités.

Ils se préoccupent uniquement du don de l'enfant sans tenir compte de ses besoins globaux. Il arrive même qu'ils se conduisent comme si le cerveau de leur enfant était devant leurs yeux, à leur disposition, ouvert comme la page d'un livre où il suffirait de faire des ratures. En se montrant trop exigeants et critiques, ils arrivent à l'effet inverse : ils inhibent l'épanouissement du don.

On peut établir objectivement comment un enfant réussit mieux que les autres, mais on ne peut pas expliquer pourquoi il réussit. Des travaux ont montré le lien qui existe entre la réussite de l'enfant et l'investissement des parents. Ceux-ci encadrent et supervisent tout ce que fait l'enfant afin de s'assurer qu'il progresse. Les enfants à qui on ne laisse aucune initiative, aucune autonomie dans leur domaine de prédilection cessent souvent de poursuivre l'excellence dès qu'ils peuvent se soustraire à l'emprise parentale.

Chapitre III

PORTRAITS D'ENFANTS SURDOUÉS

Le conte moderne qui a été fourni en préambule correspond à bien des situations d'enfants surdoués. Mais il pourrait avoir beaucoup de variantes puisqu'on s'accorde à souligner la grande diversité des enfants surdoués et surtout de leur devenir. Il pourrait y avoir aussi des variantes avec les parents divorcés et les familles recomposées.

La logique militante veut faire du surdoué un exemple pour servir une cause. Elle gomme toutes les caractéristiques personnelles de l'individu pour ne laisser apparaître que l'existence du don intellectuel et son potentiel menaçant. Lorsqu'un professionnel de la santé mentale reçoit un enfant surdoué, il voit en face de lui un enfant plutôt qu'un surdoué. Les quelques exemples qui suivent devraient permettre au lecteur de rendre compte de la diversité des situations et des destinées.

Réjane

Lorsque Réjane m'a été amenée en consultation par sa maman à l'âge de 3 ans, nous n'avions aucun souci pour sa précocité intellectuelle. La maman était contrariée parce que sa fille refusait de faire caca dans le pot. Réjane avait décidé de le faire seulement dans une couche.

Cette dame avait assez vite abordé la mort de son fils Vincent au cours de l'accouchement. Réjane avait un peu plus de 1 an à cette époque. Elle s'était vite manifestée dans la consultation en établissant une relation étroite et exclusive avec sa mère tout en me sollicitant avec insistance. Je les ai ainsi reçues ensemble les semaines suivantes. J'étais impressionné par leurs emboîtements réciproques. Les difficultés de la fille restaient chevillées à celles de la mère tandis que celle-ci s'identifiait projectivement à sa fille.

Un peu plus tard, Réjane n'hésitait pas à faire sortir sa mère du bureau de manière à pouvoir jouer à sa guise avec moi. Plus tard encore, la maman a fait venir le papa, puis sa propre mère. J'ai eu confirmation qu'aussi bien le papa que la grand-mère ne voyaient pas d'intérêt aux consultations. J'ai proposé d'avoir un autre avis grâce à un bilan psychologique.

Réjane donnait l'impression d'une enfant très intelligente. Cette impression fut confirmée puisque son QI atteignait 136. Sa mère manifesta peu d'intérêt pour ce niveau intellectuel supérieur. Elle évoqua sa sœur cadette avec qui elle ne s'était jamais entendue, que sa précocité intellectuelle n'avait pas empêché d'être en échec scolaire. Cette maman voulait savoir lesquelles des difficultés de Réjane venaient d'elle, connaître sa part de responsabilité ou de culpabilité.

Un jour, la maman demanda à me parler en tête-à-tête pour m'annoncer qu'elle était enceinte de trois semaines. Devait-elle le dire à sa fille ? Bien entendu, Réjane s'en doutait déjà. Elle l'avait fait savoir à sa mère en posant sa main sur son ventre. Un peu plus tard, Réjane m'annonça fièrement qu'elle faisait caca dans les cabinets.

L'accouchement eut lieu lorsqu'elle avait 3 ans et demi. Sa petite sœur fut prénommée Bénédicte. Réjane décida qu'il valait mieux grandir plutôt que continuer à faire le bébé. Elle se mit à avancer dans la vie à grands pas. Elle réussit à surmonter sa jalousie face à un joli bébé lui aussi plein de vie.

Quelques mois plus tard, les parents sont venus me demander si Réjane ne pouvait pas passer de la moyenne section de maternelle au cours préparatoire. Ils sollicitaient un nouveau bilan psychologique. Ce dernier montra que Réjane avait gagné 7 points, si bien que son QI atteignait 143. Les tests projectifs confirmèrent que son affectivité s'était stabilisée, mais il persistait de l'anxiété, notamment une angoisse d'abandon. Réjane sauta une classe. Elle suivit son CP avec facilité.

Manon

La maman a préféré me consulter après la troisième fracture d'un bras de sa fille. Manon, qui avait presque 8 ans, se trouvait au CE2. Toutes ces fractures avaient entraîné des anesthésies et des interventions chirurgicales. Sa maman s'était dit que la psychomotricité pourrait aider sa fille. Elle sentait Manon anxieuse et tendue. En outre, sa fille suçait encore son pouce et s'arrachait les cheveux au sommet de son crâne.

J'ai accepté la demande de bilan psychomoteur. J'ai proposé qu'il soit suivi d'un bilan psychologique. La psychomotricienne n'a pas trouvé de retard notable. Mais la présence de difficultés à relâcher la tension musculaire l'a conduite à offrir des séances de relaxation. La tension musculaire excessive s'est ainsi atténuée.

Manon a eu ensuite son bilan psychologique. Son QI à 144 a suscité un peu d'étonnement, car, si elle faisait partie des bons élèves, elle ne se signalait pas par de l'excellence. La maman savait qu'elle cherchait à se fondre dans la masse, qu'elle ne levait pas la main pour répondre si une autre main se levait aussi.

Les tests projectifs confirmèrent le manque de confiance, l'inhibition névrotique, la fragilité de la personnalité. Cela relevait d'une psychothérapie. L'enfant et ses parents ont accepté de me rencontrer durant plusieurs années. Manon choisit d'abord des jeux divers. Elle accepta ensuite de faire quelques dessins à deux avec moi.

Manon se fixa définitivement sur les jeux de société. Elle avait un terrible besoin de gagner et elle s'acharna séance après séance à me vaincre. Elle n'arrivait pas à parler d'elle-même. Elle se contentait de répondre : « Je ne sais pas » à toutes mes questions la concernant.

Comme je m'entretenais avec ses parents en début de séance, je savais qu'elle pouvait laisser exploser sa colère si elle était frustrée ou contrariée. L'entrée au collège l'avait rapprochée de sa sœur aînée, alors qu'elle restait très agressive envers la benjamine. La petite dernière semblait être aussi précoce intellectuellement que la cadette.

Un nouveau bilan psychologique a confirmé que le QI performance avait un peu progressé. Manon a fini par se lâcher un peu. Elle arrive à rivaliser pour être en tête de sa classe. Elle s'est ouverte aux autres et il est devenu possible de parler d'elle. Elle ne suce presque plus son pouce et les cheveux ont fini par repousser au sommet de sa tête. Un jour, elle m'a annoncé triomphalement : « Ça y est, je suis première ! »

Ses parents sont venus demander un bilan psychologique pour la dernière. Le constat de sa précocité intellectuelle lui a fait sauter une classe. Manon n'a pas eu besoin de faire pareil. Elle se trouve très bien avec les enfants de son âge.

Jean

Jean est amené par son père parce qu'il refuse les ordres et les contraintes. Il vient d'avoir 10 ans et il termine son CE1. Ses parents l'ont conduit pendant un an chez une pédopsychiatre parce qu'il se retrouvait facilement en position de victime. Mais ils n'étaient pas satisfaits du résultat et ils voulaient faire une autre tentative.

Quatre ans plus tôt, les parents de Jean s'étaient séparés. Ils ont opté pour une garde alternée parce qu'ils habitent le même village et qu'ils continuent de s'entendre au sujet de leurs trois enfants. La maman vit seule tandis que le papa a refait sa vie. Il va avoir un nouvel enfant sous peu.

Le papa évoque la possibilité de la précocité intellectuelle. Jean a été autrefois testé par un psychologue libéral mais il ne se souvient pas bien du chiffre exact. J'ai dit que la précocité intellectuelle n'expliquait pas tout. J'ai surtout insisté sur la tendance dépressive et j'ai rappelé que Jean vient aussi parce qu'il pleure facilement.

Jean ne tarde pas à apprécier les consultations où viennent tantôt le papa, tantôt la maman. Cela entraîne une amélioration de son moral. Son fonctionnement intellectuel varie à vue d'œil au cours de la consultation. Il s'améliore dès que Jean peut se valoriser dans un jeu.

J'ai proposé de faire un bilan psychologique. Le QI se situe à 141 (3 enfants sur 1 000 atteignent ce résultat). Mais le bilan a aussi mis en évidence une certaine immaturité affective, des intrusions anxieuses, des angoisses archaïques. Cela n'empêche pas Jean de travailler très bien en CM2. Il n'a jamais sauté de classe, contrairement à sa sœur et à son frère.

La naissance du demi-frère a eu lieu. Jean a réagi de façon positive. Il s'est aperçu qu'il est content de ne plus être le « petit dernier ». Ses parents s'accordent pour le trouver bien mieux dans sa peau. Il travaille toujours bien en classe. Je dois mobiliser toutes mes ressources d'adulte lorsque je pratique avec lui un jeu de société car il peut maintenant faire appel à toutes ses ressources intérieures.

Kévin

L'année scolaire vient de se terminer. Kévin, âgé de 12 ans, est amené parce que sa mère désire une « expertise » psychologique au sujet de ses capacités scolaires. Cette longue histoire aurait commencé au CE1 où l'enseignante aurait trouvé l'enfant rêveur, manquant de concentration. Il est passé de justesse dans la classe suivante en changeant d'école. Il a bénéficié de cours particuliers. Il a suivi sans grand résultat une psychothérapie en libéral. Il a fini par atterrir dans une 6e d'adaptation dans le privé.

J'ai le sentiment que cette longue histoire a commencé bien plus tôt, puisque, dès l'âge de 6 mois, ses parents l'ont conduit chez un ostéopathe pour des difficultés alimentaires. Ils l'ont aussi amené chez une orthophoniste au CP pour un retard de parole.

Cela n'empêche pas la maman de suggérer que son fils puisse être précoce. Elle voudrait un (autre) bilan psychologique. De son côté, Kévin ne voit aucun intérêt à la consultation et il ne se gêne pas pour me le faire savoir. Le bilan psychologique a lieu à la rentrée scolaire.

Le papa et la maman viennent me rencontrer sans l'intéressé. Ils veulent seulement connaître les résultats. J'ai le regret de leur apprendre que le QI de Kévin plafonne à 75 – c'est-à-dire à la limite de la déficience mentale. Il ne peut donc pas réintégrer un circuit scolaire normal. J'ai insisté sur le fait que les scores aux subtests étaient très hétérogènes (en lien probablement avec ses débuts difficiles dans la vie) et sur l'importance du fond dépressif, mais cela ne les intéressait pas. De toute façon, Kévin n'avait pas envie de revenir. Ils avaient pris un rendez-vous avec un ostéopathe.

Ce genre de situation est devenu plus fréquent ainsi que d'autres consultants l'ont constaté[1]. On arrive à la caricature lorsqu'une maman vient avec une enfant de 3 ans, qu'elle raconte que sa fille a du mal à s'intégrer en première année de maternelle, qu'il faut la tester parce qu'elle doit être précoce intellectuellement. Elle fait référence à une émission de télévision.

Thomas et Maxime

Je reçois Thomas lorsqu'il a un peu plus de 6 ans. Il se constipe et il lui arrive de lâcher des boules dures en faisant du sport. Il continue aussi de faire pipi au lit. Thomas a présenté une « phobie des toilettes » à la naissance de Maxime, deux ans après la sienne. Ils ont toujours été très proches tout en se bagarrant souvent. Ils dorment encore dans la même chambre. Leur duo a été perturbé par l'arrivée d'un autre frère quatre ans plus tard.

Thomas a tout de suite investi l'école. Il a su lire peu après l'entrée au CP. Il s'est mis à produire de beaux dessins imaginatifs. Il en a fait un dès la première consultation, il ne pouvait être plus explicite. Son frère et lui se faisaient la guerre, chacun à la tête d'une armée du Moyen Âge. Il a aussi évoqué ses cauchemars (des diables lui font peur avec leurs disputes).

Les consultations se sont enchaînées avec leurs lots de beaux dessins, de récits de cauchemars et l'évocation partielle des difficultés vécues par les parents. Ceux-ci mirent du temps avant d'accepter de consulter puis d'hospitaliser leur enfant en pédiatrie. L'hospita-

1. *Journal français de psychiatrie,* n° 19, 2003.

lisation a fait disparaître le symptôme. Les consultations ont continué afin d'aborder ce qui avait provoqué et entretenu le symptôme.

La question de la précocité intellectuelle a été évoquée. Il était le meilleur de sa classe. Il s'intéressait à l'archéologie, à l'Égypte ancienne. Il espérait sauter une classe. Il n'en était pas question pour le papa. Celui-ci gardait un mauvais souvenir de sa scolarité de l'époque où il avait dû sauter une classe en maternelle.

J'ai été surpris en recevant Maxime, le cadet, un an plus tard. Il était en train de terminer son CP. Son père venait me demander : est-ce bien de lui faire sauter une classe ? Les enseignants avaient trouvé chez Maxime des facilités pour apprendre depuis la maternelle. L'enfant n'était pas bien intégré dans sa classe. Il se sentait jalousé par les autres élèves et par ses frères. Son dessin et son discours m'ont paru bien pauvres par rapport à ce que me disait le papa. Maxime a voulu jouer avec des Playmobil. Il se souvenait avoir vu son frère jouer avec autrefois, au cours de ma consultation.

La fois suivante, le papa connaissait les résultats du test effectué par la psychologue scolaire. Maxime se situait à la limite inférieure de la surdouance. On pouvait expliquer ses difficultés en classe à partir de ce constat.

Le papa avait aussi apporté un dessin de la famille réalisé par Maxime chez lui. L'inquiétude et l'accablement avaient envahi le papa quand il l'avait découvert. Les êtres humains étaient représentés par des rats hominisés avec les autres frères entre le papa et la maman tandis que Maxime se tenait à l'écart, le corps zébré de cicatrices et de bouts de sparadrap. Les surnoms ne laissaient aucun doute sur le message du dessinateur : le papa était appelé « panpan » et Maxime « bobo ». Le pathétique du dessin primait sur l'humour.

La maman a cessé son travail pour mieux s'occuper de ses trois fils. Les parents ont pris la décision de faire sauter une classe à Maxime puisqu'il était surdoué. L'enfant m'a surpris à cause de l'inquiétude qu'il a manifestée. Il avait peur de ne pas être à la hauteur, ainsi que de la réaction des autres enfants plus âgés ou jaloux.

Finalement l'intégration scolaire a réussi. J'ai continué à le recevoir de temps à autre parce qu'il était difficile à la maison. Maxime a confirmé qu'il était bien un surdoué.

Ivan

Les parents s'étaient vite aperçus qu'Ivan était un enfant intelligent. Il avait toujours fait preuve de curiosité et avait manifesté en grandissant une préférence marquée pour l'électronique et l'informatique. Ivan était le seul enfant d'un couple recomposé. Le papa avait l'âge d'un grand-père car il avait déjà des enfants qui auraient pu être le père ou la mère d'Ivan. La maman qui ne travaillait pas se consacrait entièrement à son ménage et à son enfant.

Ivan m'a paru à la fois perturbé et perturbateur. Cet état s'était manifesté vers 9-10 ans alors qu'il finissait sa scolarité primaire. Ivan posait des problèmes aussi bien chez lui qu'au collège. Il était passé de justesse en 4e à l'âge de 13 ans parce que ses parents avaient refusé le redoublement et l'avaient inscrit dans un autre établissement.

La liste des plaintes s'était allongée à mesure qu'il avait avancé en âge. À la maison, tout pouvait devenir source de conflit tant il se montrait exigeant, intolérant à la frustration. En fait, Ivan pouvait très vite alterner deux visages : de souriant, aimable, serviable, il devenait coléreux, tyrannique et menaçant. Au collège, il ne remettait pas tous ses devoirs, il parlait pendant les cours, dissimulait son carnet de correspondance, et il lui arrivait d'imiter la signature de ses parents. Bref, Ivan se mettait en échec scolaire, bien qu'il eût parfois de bonnes notes.

Le bilan psychologique a confirmé la précocité intellectuelle avec un QI à 132 et des résultats assez homogènes. Par contre, Ivan s'était senti mal à l'aise quand on avait voulu cerner sa personnalité. Il avait essayé de contrôler la situation en modulant ses réponses, n'hésitant pas à déformer. Il voulait se présenter sous un jour favorable et paraître « normal ».

Ivan n'a pas pu dissimuler entièrement son moi faible, peu consistant, fragile. La capacité à percevoir la manière d'être d'autrui et à entrer en contact avec le réel lui faisait partiellement défaut. Sa vive intelligence lui servait à se défendre contre ce qui lui paraissait menaçant. L'essentiel pour lui était d'arriver à masquer, à dissimuler. Il payait le prix fort pour ce système défensif en n'étant pas disponible pour les apprentissages scolaires.

J'ai conseillé aux parents d'avoir un autre avis. Ils ont consulté un psychiatre pour adolescents. Celui-ci a fait le même constat quant à l'existence d'une pathologie narcissique, d'une personnalité dite en faux-self. Mais le trio n'était pas prêt à s'engager dans une thérapie, à remanier le précaire équilibre remis en question par l'adolescence.

Ces parents sont partis en quête d'un nouvel établissement scolaire. Ils n'ont pas hésité à prospecter en dehors de leur région. Ils ont choisi un établissement spécialisé pour les surdoués. Ivan n'a malheureusement pas pu obtenir son brevet. Il a peiné en seconde et il aura du mal à obtenir son bac.

Chapitre IV

LA MESURE DE L'INTELLIGENCE

Les débiles mentaux et les surdoués ont pu être étudiés de façon objective lorsqu'il a été possible de mesurer l'intelligence. Des spécialistes ont mis au point en laboratoire des tests mentaux dès le début du XXe siècle. Ces tests ont vite connu de nombreuses applications pratiques.

On a pu inventer des tests mentaux parce qu'on a abordé l'intelligence de façon pragmatique. On l'a considérée comme l'ensemble des capacités permettant de résoudre des problèmes. On a pu mettre au point des procédures permettant d'observer le degré d'efficience.

On ne manque pas de faire un constat surprenant. Les premiers tests d'intelligence vont bientôt avoir un siècle d'existence. Les tests les plus utilisés de nos jours ne sont que des versions révisées ou améliorées de ces premiers tests. Cela signifie que ces tests reposent toujours sur la conception initiale de l'intelligence. Or, durant un siècle, les conceptions de l'intelligence se sont diversifiées et affrontées.

Un débat a mobilisé les spécialistes ces dernières décennies : l'intelligence est-elle une ou multiple ? La tendance actuelle cherche à élargir la notion d'intelligence de manière à y inclure d'autres activités intellectuelles que celles que l'école favorise. Les surdoués sont directement concernés par cette évolution puisqu'ils se retrouvent dans un ensemble plus large avec les créatifs et les talentueux.

La mesure du quotient intellectuel ne semble pas

indépendante du contexte socioculturel. Le QI statue sur la position d'un individu dans une population de référence caractérisée par l'espace, le temps, les mœurs et l'économie.

Qu'est-ce que l'intelligence ?

Comme la plupart des auteurs, Pierre Oléron a insisté sur la grande difficulté à définir l'intelligence. Il lui paraissait plus facile de définir le mot, les usages que la nature de la faculté à comprendre. Il a fait remarquer que la psychologie a privilégié de « manière quasi exclusive l'intelligence du monde physique et ses abstractions »[1]. Il s'ensuit l'existence de lacunes considérables dans notre savoir tant l'intelligence dépasse l'abstraction du monde physique.

Oléron estimait que trois causes avaient orienté la recherche scientifique de cette façon :

- le prestige des sciences exactes. Le modèle mathématique et logique a longtemps été considéré comme un idéal ;
- le poids de la technologie. L'essor des machines et ses réussites spectaculaires ont mis en valeur l'intelligence de la fabrication. Cette tendance a été renforcée par le développement de l'intelligence artificielle ;
- la théorie de l'évolution. Elle a conduit à chercher ce qui est commun à l'animal et à l'homme. Elle a insisté sur le rôle joué par les variations entre les Hindividus dans l'évolution des espèces.

La psychologie a reçu en héritage certaines notions de la tradition philosophique et religieuse[2]. Celle d'in-

1. P. Oléron, *L'intelligence,* Paris, PUF, « Que sais-je ? », 7e éd., 1997, p. 4.
2. J.-F. Richard, « Intelligence », *Encyclopædia Universalis,* 2001.

telligence est sans doute la plus marquée par ses origines lointaines. L'homme s'est servi de l'intelligence pour se différencier parmi les êtres vivants. Elle lui a permis de se situer par rapport aux êtres inférieurs – les animaux – et par rapport aux êtres supérieurs – les dieux. Le repérage n'a pas été équitable puisque l'homme a plutôt cherché ce qui le distingue de l'animal et ce qui le rapproche de la divinité.

Cet héritage culturel explique l'embarras de la psychologie à donner une définition de l'intelligence. On a pu seulement s'entendre pour qualifier d'intelligence différentes activités et leur accorder une parenté. On a pu délimiter à partir de ces activités un champ où s'exerce l'intelligence.

Les solutions pour mesurer l'intelligence

C'est donc Alfred Binet, un psychologue français, qui a trouvé le premier une technique pour mesurer l'intelligence. Avant lui, certains s'étaient donné les moyens de mesurer les processus sensoriels élémentaires. Binet était convaincu que les différences entre les individus devaient concerner les processus intellectuels complexes. Il a défini l'intelligence par quatre fonctions principales : « compréhension, intention, direction et censure ».

La demande sociale a favorisé l'évaluation des capacités mentales des individus. Une commission ministérielle demanda à Binet de fournir un moyen de faire le diagnostic de débilité mentale. Binet s'associa à Simon pour pratiquer dans les écoles les épreuves qu'ils venaient de mettre au point par tâtonnement. Ils s'aperçurent que certains items permettaient de distinguer les enfants retardés des enfants normaux et, surtout, que ces mêmes items pouvaient aussi bien servir à distinguer les enfants selon l'âge. En bref, certains items semblaient caractériser un âge donné lorsque le développement se faisait normalement.

L'un des mérites de Binet et Simon est d'avoir inventé la notion d'âge mental. Leur étalonnage implique une dimension dynamique liée au développement mental. La vitesse de développement peut être en avance ou en retard par rapport à la moyenne d'âge.

Une autre méthode pour mesurer l'intelligence a été découverte presque au même moment par Charles Spearman, un psychologue anglais. Il a fait appel à une analyse mathématique, l'analyse factorielle pour trouver les dimensions intellectuelles qui permettent de comparer les individus.

L'analyse factorielle est utile lorsqu'on ne connaît pas d'avance quels facteurs déterminent la réussite à un ensemble d'épreuves. La méthode consiste d'abord à calculer les corrélations entre toutes les épreuves, puis à chercher s'il existe des groupes d'épreuves qui sont plus corrélées entre elles qu'avec les autres.

L'intelligence est-elle une ou multiple ?

En inventant l'analyse factorielle, Spearman avait lancé dès 1904 un débat qui reste sans fin : les tests mentaux mesurent-ils une intelligence ou plusieurs intelligences spécialisées ? Il avait établi une table de corrélations entre les notes obtenues dans les diverses épreuves, les résultats scolaires, les appréciations des enseignants, etc. Spearman montra qu'il pouvait partager la variance de ces notes en deux parties : un facteur de variation générale commun à toutes les notes et un facteur de variation spécifique à chacune de ces notes.

Spearman soutint qu'il existait un facteur général d'intelligence – le facteur *g* – et que ce facteur expliquait les différences dans les résultats obtenus dans les diverses épreuves. Mais il n'a jamais bien établi en quoi consistait ce facteur *g*. La contradiction fut fournie dans les années 1930 par Louis Thurstone, un psychologue américain. Il mit au point une autre méthode d'analyse factorielle. Il dégagea plusieurs aptitudes qu'il appela « aptitudes premières ».

La polémique a continué entre les tenants d'une intelligence unidimensionnelle et les tenants d'une intelligence multidimensionnelle. Après de très longs débats, les spécialistes ont fini par s'accorder sur un compromis entre les deux théories.

Par exemple, Cattell et Horn ont tenté d'identifier les processus sous-jacents aux grands facteurs d'intelligence. Ils ont distingué une « intelligence cristallisée » qui s'exprime plutôt dans le verbal et qui met en jeu les connaissances scolaires ou culturelles et une « intelligence fluide » qui met en jeu les capacités de raisonnement, de logique et qui ne nécessitent pas de connaissances préalables.

L'élargissement de la notion d'intelligence

Au fur et à mesure que le niveau général d'instruction a augmenté, on s'est aventuré en dehors des activités intellectuelles de type verbal, logico-mathématique ou spatial que valorise le monde de l'éducation. Diverses tentatives ont vu le jour pour élargir la notion d'intelligence en y incluant d'autres activités.

La théorie la plus diffusée de nos jours, du moins dans les sciences de l'éducation et dans le grand public, est celle de Howard Gardner[1]. Son intelligence multiple lui a permis de devenir professeur de psychologie, professeur de neurologie et professeur de piano aux États-Unis. Il a voulu combattre la thèse classique

1. H. Gardner, *Les intelligences multiples,* Paris, Retz, 1996.

selon laquelle il existe une intelligence générale, celle que sont censés mesurer les tests psychométriques.

Gardner a présenté la théorie des intelligences multiples. Il a retenu une forme d'intelligence à partir de trois critères : l'existence de créateurs géniaux dans un domaine, l'existence de localisations cérébrales spécifiques à une forme d'intelligence et, enfin, l'existence d'idiots savants ou d'autistes géniaux qui pouvaient être extraordinaires dans un domaine et médiocres ailleurs. En 1983, Gardner avait isolé 7 intelligences (le nombre est passé à 8 ou 9 par la suite). L'énumération peut paraître fastidieuse mais elle a le mérite de montrer l'ampleur de l'élargissement : l'intelligence logico-mathématique (qui permet d'obtenir de bons QI et de devenir mathématicien ou physicien), l'intelligence langagière (qui sert dans les épreuves verbales et qui caractérise aussi les poètes et les écrivains), l'intelligence musicale (qui se retrouve chez les musiciens et certains autistes prodigieux), l'intelligence kinesthésique (qui favorise une bonne utilisation de son corps et qui se trouve chez les sportifs, les danseurs et les mimes), l'intelligence spatiale (qui se retrouve chez des artistes tels que les peintres et les sculpteurs), l'intelligence interpersonnelle (qui permet de sentir l'état psychique des autres), l'intelligence intrapersonnelle (qui caractérise l'aptitude à la connaissance de soi).

Robert Sternberg, un autre psychologue universitaire américain, a publié presque en même temps que Gardner une « théorie triarchique de l'intelligence ». Mais il a connu un moindre succès médiatique. Le titre annonce l'intention d'aller « au-delà du QI »[1]. Sternberg attribue trois aspects fondamentaux à l'intel-

1. R. Sternberg, *Beyond IQ. A Triarchic Theory of Human Intelligence,* Cambridge University Press, 1985.

ligence. À côté des facultés d'analyse que mesurent les tests, il y a l'esprit de synthèse et de créativité ainsi que les aptitudes pratiques. Nous retrouvons les nouveaux aspects de l'intelligence : social, émotionnel et pratique présents dans la définition actuelle des surdoués.

L'intelligence est-elle innée ou acquise ?

Les tests d'intelligence ont connu un grand succès aux États-Unis parce que la constitution d'une psychologie scientifique s'accompagnait d'une demande sociale forte. La participation de psychologues et l'application de tests en groupe à des millions de recrues au cours de la Première Guerre mondiale eurent un effet décisif. Au lendemain d'un conflit gigantesque, où les États-Unis firent partie des vainqueurs, on commença à faire appel aux tests dans beaucoup de domaines. La plupart des pays industrialisés suivirent l'exemple des États-Unis, mais dans une moindre mesure.

Après la Grande Guerre, on a pu discuter des résultats de l'énorme campagne de tests publiés en 1921. En effet, la société américaine de l'époque avait un penchant à considérer les différences observées entre les Blancs et les Noirs comme la preuve d'une supériorité héréditaire. Une minorité contesta cette opinion et on a retenu la polémique qui opposait Terman, alors partisan convaincu de l'héréditarisme, à Lippman. Ce dernier critiquait le seuil retenu pour définir la débilité. Il contestait surtout l'idée que les tests avaient saisi une intelligence pure, dégagée des influences du milieu.

La Seconde Guerre mondiale fournit une autre occasion d'utiliser les tests sur une grande échelle. Certains sociologues mirent en cause les tests eux-mêmes. Ils argumentaient ainsi : les tests, dont le contenu était familier aux enfants des classes aisées, ne pouvaient que favoriser ces enfants au détriment de ceux des classes populaires.

Un débat a toujours existé en arrière-plan de ces moments forts parce que la société américaine se prétend « égalitaire ». Dans les années 1960, le débat se ralluma à propos des programmes d'éducation et d'intégration sociale lancés sous la présidence Kennedy. Jensen, un psychologue de Berkeley, essaya de montrer que les effets limités de ces programmes socio-éducatifs s'expliquaient par l'hérédité. Celle-ci expliquait aussi les différences dans les résultats obtenus aux tests par les Blancs et les Noirs.

Le débat s'est ranimé dans les années 1990 avec la publication d'un livre : *The Bell Curve,* par Herrsten et Murray. La thèse centrale est assez simple et, donc, mobilisatrice. L'aptitude cognitive détermine davantage le statut social que la classe sociale d'origine. Il existe de profondes différences en matière d'intelligence. Elles influencent la structure sociale et l'organisation du travail dans les sociétés postindustrielles. Les différences d'aptitude cognitive entre individus et entre groupes dépendent largement du patrimoine héréditaire.

Ces positions s'inspirent d'une dérive de la théorie de l'évolution connue sous l'expression de « darwinisme social ». Voici leur manière de comprendre le problème. L'évolution montre que les inégalités sont naturelles. On n'arrive pas à les réduire, même en réformant la société. Il faut donc faire avec. Ces positions soutiennent de façon implicite que l'intelligence est unidimensionnelle et qu'elle est en grande partie déterminée par l'hérédité.

On peut se demander pourquoi les thèses sur le darwinisme social n'ont eu qu'un faible écho en France. Cela tient à plusieurs raisons. Le problème racial est sans commune mesure avec celui des États-Unis. Enfin, on tient beaucoup plus compte des résultats scolaires que des résultats aux tests dans notre enseignement.

La stabilité du QI

On était persuadé au XIXe siècle que, si un trait particulier se retrouvait chez plusieurs membres d'une famille, ce trait devait être héréditaire, qu'il se transmettait par la génétique. Terman a emboîté le pas de Galton. Mais leurs conclusions ont été contestées dans la mesure où les membres d'une même famille partagent le même milieu.

On a essayé de différencier l'apport des gènes de l'effet du milieu. On a comparé de vrais jumeaux et de faux jumeaux. On a étudié de vrais jumeaux élevés séparément. On a cherché le taux de concordance chez des enfants adoptés avec la famille d'accueil et la famille d'origine.

La plupart des études paraissent indiquer que le QI est héritable. La discussion reste tout à fait ouverte sur la part de l'héritabilité. On s'est aperçu que cette part ne diminue pas avec l'âge. Plus on vieillit, plus l'influence du milieu paraît diminuer et celle des gènes se renforcer. Le milieu influencerait surtout l'enfant jeune.

Il est surprenant de constater la relative stabilité du QI au cours de la vie. Nous disposons du même potentiel intellectuel à la fin qu'au début de la vie (relativement à notre groupe d'âge). Toutes sortes d'atteintes organiques ou psychologiques peuvent affecter le fonctionnement intellectuel, mais cela n'est pas spécifique à l'intelligence.

Le résultat obtenu aux tests lors d'un bilan donne une indication pour toute la vie. Diverses variables peuvent interférer au moment du passage du test comme la motivation, la fatigue, l'anxiété. Un nouveau test donnera alors une appréciation plus exacte de l'efficience intellectuelle. On peut augmenter son score par l'entraînement. On gagnera quelques points mais on ne changera pas de catégorie. En revanche, une psychothérapie chez un enfant peut permettre de récupérer un potentiel jusque-là inaccessible.

Les tests d'intelligence doivent être réétalonnés de façon périodique. Cela va de soi pour les épreuves dépendant de la culture. Mais il est aussi nécessaire de réviser les tests parce que le niveau de performance tend à augmenter au fil des décennies. L'intelligence croît, en même temps que la taille, avec les générations.

Ce constat surprenant n'a pas reçu d'explication univoque. Il alimente le débat sur l'inné et l'acquis. Ce phénomène est appelé « effet Flynn » du nom du psychologue britannique qui l'a mis en évidence. Les scores aux tests d'intelligence augmentent d'un écart type à chaque génération (l'écart type est de 15 points au Wechsler).

Les enfants choisis par Terman au début du XXe siècle étaient exceptionnels à leur époque et dans leur pays. Ils seraient loin d'être exceptionnels par rapport aux enfants surdoués du début du XXIe siècle – soit avec cinq générations d'écart.

Chapitre V

L'ENFANT SURDOUÉ À L'ÉPREUVE DES TESTS

Voici un enfant dont les parents se disent qu'il doit être plus intelligent que la moyenne. Ils veulent avoir un avis et ils s'adressent à un psychologue. Celui-ci commence par un entretien clinique. Si cela paraît indiqué, il propose de lui faire passer des tests d'intelligence. Il a besoin de vérifier et de compléter son impression clinique. Mais les résultats des tests ne sont qu'un élément dans cette évaluation. Ils n'indiquent en aucune façon l'aide pédagogique ou psychologique dont l'enfant a besoin.

Dans l'idéal, l'enfant que l'on suppose surdoué devrait avoir un bilan psychologique. On dispose de deux grandes catégories de tests pour effectuer ce bilan : les tests d'efficience, les épreuves destinées à évaluer son intelligence, son fonctionnement cognitif, d'une part ; les tests de personnalité, les épreuves projectives, qui cherchent à saisir les traits de personnalité et sa dynamique, d'autre part.

Il existe plusieurs centaines de tests d'intelligence. Il serait inutile et fastidieux de les passer en revue. Une enquête internationale a confirmé que les plus utilisés se comptent sur les doigts d'une main. En pratique, il est fort probable que l'enfant pressenti comme surdoué passe le WISC et l'adulte un WAIS ou les matrices de Raven.

Les résultats du bilan psychologique servent à orienter, à confirmer ou à infirmer un diagnostic. Ils apportent une compréhension fine et objective de l'enfant. Ils aident à choisir l'aide la plus appropriée aux besoins et aux difficultés de l'enfant.

Bien que l'évaluation du QI fasse l'objet d'un relatif consensus, on ne manque pas de rappeler son caractère relatif et arbitraire. On n'aboutit pas toujours aux mêmes résultats en se servant de différents tests. Par ailleurs, on parle d'un « effet de tassement » des qualités distributives de l'instrument pour les zones extrêmes, le haut comme le bas de l'intelligence.

Les résultats des tests d'intelligence

Les tests visent à mesurer la réussite ou l'échec à des tâches données. Ils comportent une situation expérimentale standardisée sous forme d'une épreuve ou d'une série d'épreuves. Ils diffèrent de l'entretien clinique parce qu'ils permettent une évaluation statistique des résultats et un classement par rapport à un groupe de référence.

Un test mental provoque une stimulation qui déclenche un comportement, une réaction, du matériel classable et mesurable. La réponse est évaluée par comparaison statistique avec les réponses des autres individus placés dans la même situation. On parle d'une échelle d'intelligence.

Les tests d'intelligence ne procèdent pas à de véritables mesures. Nous savons que l'intelligence ne peut être réduite seulement à des chiffres. Ceux-ci servent surtout à comparer. Ils permettent de situer les résultats d'un individu à l'intérieur d'un étalonnage établi pour la population à laquelle appartient l'individu examiné.

Binet a conçu, à l'aide de Simon, la notion d'âge mental. Celui-ci est déterminé par la réussite des enfants d'un âge donné à l'ensemble des épreuves choisies pour le test. On obtient un âge mental de 8 ans si l'on réussit les tâches préparées par les enfants de 8 ans (et, bien entendu, celles pour les enfants plus jeunes) et si l'on échoue à toutes celles pour les enfants de 9 ans.

Le principe consiste à comparer l'âge réel (ou chronologique) de l'enfant à son âge mental. Il peut avoir son âge, être en avance ou en retard. Mais le nombre d'années n'a pas la même signification selon l'âge du sujet. Stern eut l'idée de diviser l'âge mental fourni par le test (calculé en mois) par l'âge réel et multiplié par 100 (pour obtenir des chiffres ronds). C'est l'origine de la notion de quotient intellectuel.

Un enfant de 9 ans qui répond aux questions correspondant à son âge réel obtient un QI de 100. S'il a une avance de 4 ans et 6 mois (la moitié de son âge), il obtient un QI de 150. Mais on s'est aperçu que la distribution ne se fait pas de la même manière à tous les âges. Un même QI peut favoriser ou désavantager un groupe d'âge. Les difficultés dues à la notion d'âge mental deviennent insurmontables avec les adultes. C'est pour les éviter que Wechsler mit au point une autre notion. Le chiffre obtenu n'exprime plus qu'un rang au sein d'une population donnée.

L'échelle d'intelligence pour adultes de Wechsler (*WAIS* ou *Wechsler Adult Intelligence Scale*)

La première version a été publiée en 1930 par David Wechsler. Ce psychologue travaillait dans un grand hôpital psychiatrique de New York (appelé « Bellevue »). Il avait affaire à des adultes. L'utilisation de tests tels que le Stanford-Binet, ou sa révision de 1937 : le Terman-Merrill, laissait à désirer. Il fallait remédier à plusieurs inconvénients : les formulations destinées à des enfants pouvaient mettre mal à l'aise des adultes, l'évaluation passait surtout par le langage. Enfin, le résultat sous forme d'âge mental n'avait guère de sens.

Wechsler ne s'inspirait pas d'une nouvelle théorie de l'intelligence. Comme Binet, il restait pragmatique et cherchait à évaluer de grands processus tels que la mémoire, l'attention ou le raisonnement. Le plus important était d'évaluer l'adaptation globale plutôt que de détailler l'efficience de telle ou telle fonction cognitive. L'échelle de Wechsler a été révisée à plusieurs reprises aux États-Unis. Avant de l'utiliser en France, il a fallu l'adapter à une population française. C'est ce qui a été fait en 1955 et en 1989.

Le test de Wechsler-Bellevue se compose de deux échelles : l'une dite verbale ; l'autre, de performance. La première comprend six tests : information, mémoire immédiate des chiffres, vocabulaire, arithmétique, compréhension générale et similitude (entre deux mots). La seconde échelle comporte cinq tests : complément d'image (il faut trouver la partie manquante), arrangement d'images (il faut remettre de l'ordre pour constituer une histoire), cubes (il faut reconstituer les figures présentées), assemblages d'objets (une sorte de puzzle) code (il faut mettre sous chaque figure le chiffre approprié).

Chaque test est indépendant des autres. Il se compose d'une série de questions ou d'épreuves de difficulté croissante. La note brute obtenue à chaque test est transformée à l'aide d'une table en une note standard (notation sur 20). La somme des notes standard est transformée en QI grâce à d'autres tables.

En transformant des scores bruts pour éliminer la notion d'âge mental, qui n'a plus de sens à l'âge adulte, Wechsler a obtenu une nouvelle distribution ayant aussi la forme d'une courbe de Gauss. Wechsler a conservé le sigle QI en raison de sa popularité. Il a pu le garder en prenant une moyenne égale à 100 et un écart type de 15. Le QI de Wechsler n'indique plus la vitesse de développement mais le rang occupé dans une population de référence.

La WAIS a connu un tel succès qu'on a réalisé une version pour enfants en 1950 : WISC ou *Wechsler Intelligence Scale for Children* pour la période de 6 à 16 ans et, par la suite, la WPPSI ou *Wechsler Preschool and Primary Scale of Intelligence* pour la période de 4 à 6 ans. Ces échelles pour enfants sont analogues à celles pour adultes et ont également été adaptées à la population française.

Les chiffres du QI

Les résultats du WISC comportent trois chiffres :

- le QI verbal ;
- le QI performance ;
- le QI total.

Le QI total n'est pas la moyenne arithmétique des deux précédents, mais le résultat de leur combinaison.

La construction statistique donne 100 pour valeur moyenne du QI. Il existe une marge d'incertitude autour du chiffre obtenu par le test. On l'appelle écart type. Il est fixé à 15. Un écart type en plus et le QI passe à 115, un écart type en moins et le QI passe à 85.

Si l'on représente la distribution du QI dans la population générale (voir p. 66), on voit une courbe de Gauss ou courbe en cloche *(bell curve)*. On se rend facilement compte, en regardant cette courbe, où les résultats du QI situent l'enfant.

On considère l'intelligence comme normale entre 85 et 115. Cela représente 68 % de la population. La moi-

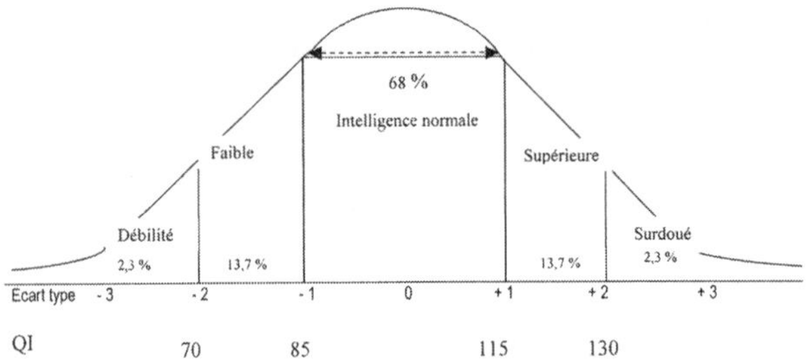

tié de cette population se retrouve entre 90 et 110. À partir de 85, on qualifie l'intelligence de limite et on dit qu'elle est supérieure ou brillante au-dessus de 115.

Les QI homogènes et hétérogènes

Il ne suffit pas de situer l'enfant sur une échelle d'intelligence parce que des enfants de fonctionnements intellectuels différents peuvent occuper la même place sur cette échelle. L'indication de base concerne aussi l'homogénéité ou l'hétérogénéité des résultats. Le WISC comporte au moins une dizaine d'épreuves qui constituent autant de sous-tests. L'enfant peut obtenir des résultats homogènes à toutes les épreuves (par exemple, bien au-dessus de la moyenne) ou des résultats hétérogènes (nettement au-dessus de la moyenne pour une partie et nettement au-dessous pour l'autre partie). C'est tout à fait possible puisque le QI n'est pas une moyenne arithmétique.

Les spécialistes disent que le QI paraît d'autant plus solide qu'il est homogène. Des résultats homogènes reflètent une bonne intégration de la personnalité. À l'inverse, un QI hétérogène empêche de prévoir ce que l'enfant sera capable de faire. Il peut tantôt réussir, tantôt échouer de façon surprenante.

Une seconde indication de base concerne la comparaison du QI verbal et du QI performance. Il arrive que l'un des deux soit plus élevé que l'autre. On a calculé le seuil d'une différence statistiquement significative : elle doit être supérieure à 12.

L'existence de cette différence permet d'avancer certaines hypothèses. La supériorité du QI verbal n'a pas le même sens que la supériorité du QI performance. Plus l'écart est important, plus il pousse à s'interroger. Un test de personnalité s'avère indispensable.

La manière de penser de l'enfant surdoué

De nouvelles théories sur l'intelligence sont apparues mais elles n'ont pas engendré de nouveaux tests capables de remplacer ceux conçus depuis au moins un demi-siècle. Il en va ainsi à cause de la démarche pragmatique des premiers concepteurs. Nous verrons seulement un exemple de test plus récent qui permet aussi d'identifier les surdoués.

Le K-ABC a été émis au point aux États-Unis en 1983 et adapté en 1993 pour la France. Ce test a été construit à partir de la neuropsychologie et de la psychologie cognitive. Au lieu de combiner le verbal et la performance, il distingue deux grands types de processus mentaux : ceux séquentiels et ceux simultanés.

Les Kaufman ont cherché plutôt à caractériser les processus mentaux que le contenu. Ils ont composé une batterie de trois échelles : l'une pour les processus séquentiels, une autre pour les processus simultanés et une dernière pour évaluer les connaissances. Les notes brutes de ces échelles deviennent des notes standard et ces dernières sont transformées en QI de la même façon que dans l'échelle de Wechsler. Il existe une assez forte corrélation entre le QI obtenu au K-ABC et celui obtenu par le WISC.

Le K-ABC permet d'entrevoir comment opère l'intelligence du surdoué, comment fonctionne son esprit[1]. L'enfant surdoué dispose de davantage de capacités intellectuelles et, surtout il pense autrement. Il est entraîné à aller plus loin que les autres. Il veut arriver à comprendre, il veut connaître le pourquoi.

La pensée de l'enfant surdoué est toujours en éveil. Les idées s'enchaînent à grande vitesse, engendrant de nombreuses associations. Un observateur externe peut se représenter ce cheminement sous forme de réseaux. Chaque idée génère une nouvelle ramification qui suscite de nouvelles chaînes d'associations. L'enfant surdoué arrive à activer simultanément plusieurs lignes de pensée.

Cette description s'applique également aussi bien aux créatifs qu'aux prodiges. Nous retrouvons le mot fameux de Picasso : « Je ne cherche pas, je trouve ! » Le revers de la médaille, c'est que l'enfant surdoué peut se perdre, se noyer ou paraître confus à son interlocuteur. Il a besoin de savoir repérer les données permettant de répondre de façon adéquate à la question en jeu.

L'une des particularités les plus remarquables concerne le fonctionnement de la mémoire. L'enfant surdoué dispose d'une mémoire de travail impressionnante. Le fonctionnement rapide en réseaux fournit une mémoire à long terme riche et efficace. Les parents et les enseignants savent que l'enfant surdoué retient sans effort apparent une quantité surprenante d'informations. Cela explique qu'il dispose d'une banque de données bien organisée, très fournie, ainsi que de la capacité à la réorganiser pour envisager le sujet de manière nouvelle, inventer et créer.

1. J. Siaud-Facchin, *L'enfant surdoué. L'aider à grandir, l'aider à réussir,* Paris, Odile Jacob, 2002, chap. 3.

La mémoire à court terme permet de garder les perceptions et les informations quelques instants. Cette durée atteint à peine une vingtaine de secondes. Cette mémoire brève peut maintenir le souvenir de sept éléments seulement. Cette mémoire est sans cesse activée à l'école pour comprendre et apprendre. La mémoire de travail d'un enfant surdoué arrive à emmagasiner le double de données que celle d'un enfant d'intelligence moyenne.

Cette facilité peut conduire à esquiver le travail nécessaire à l'acquisition d'une véritable connaissance. Cela peut aussi se traduire par le tout ou rien : il sait d'emblée ou il ne cherche pas à savoir. Le mouvement cognitif est sous-tendu par deux imaginations toutes aussi néfastes : je sais tout parce que je suis tout-puissant / je ne vaux rien parce que je suis bon à rien, impuissant.

L'information donnée sur les résultats obtenus

Autrefois, la plupart des professionnels se contentaient de donner une information orale plus ou moins détaillée sur les résultats. Deux motivations les poussaient à parler plutôt qu'à écrire. D'une part, les professionnels utilisent des termes techniques qui peuvent être mal compris par les profanes. D'autre part, les parents engagent forcément des enjeux narcissiques à l'égard des résultats aux tests. Un entretien est mieux à même de s'adapter à la demande particulière de chacun. Quoi qu'il en soit, des résultats chiffrés, comme toute statistique, doivent être interprétés. Ils n'ont pas de signification par eux-mêmes. Ils doivent être rapportés à un contexte particulier.

La situation n'est plus la même depuis la loi de mars 2002 sur les droits des patients. Tout patient a le droit d'accéder directement au contenu de son dossier médical. En fait, le dossier médical est devenu le dossier du patient, c'est-à-dire qu'il regroupe les données de tous ceux qui interviennent dans les examens et les traitements. Le patient, que ce soit en milieu hospitalier ou en pratique libérale, a le droit de recevoir un compte rendu détaillé de son bilan psychologique.

Il est tendancieux d'affirmer que les enfants surdoués sont dépistés le plus souvent par le biais de la pathologie. La plupart des parents ont déjà une idée sur l'intelligence de leur enfant lorsqu'ils viennent consulter en pédopsychiatrie. Quelques parents évoquent tout de suite les démarches qu'ils ont entreprises en libéral et s'interrogent sur le don intellectuel comme cause possible du problème.

Beaucoup d'enfants, à plus forte raison s'ils sont surdoués, saisissent, par les échanges entre les parents et le spécialiste, qu'il s'agit de savoir s'ils sont intelligents. Il vaut mieux que l'enfant évite d'assimiler les épreuves des tests à des exercices scolaires. Les tests offrent à l'enfant l'occasion d'exprimer son potentiel intellectuel maximum. Les items sont ordonnés selon une difficulté croissante de façon à bien repérer la limite supérieure que l'enfant peut atteindre.

Les enfants intelligents apprécient le passage des tests car ils les considèrent comme des jeux ou des défis stimulants. Les épreuves du WISC III s'échelonnent pour évaluer le développement intellectuel de 6 à 16 ans. Le psychologue explique avant de commencer les épreuves que l'enfant ne sera pas capable de répondre à toutes les questions, que le fait de ne pas avoir la réponse à certaines questions n'a pas forcément la signification d'un échec.

Contrairement à ce que le profane croit, le psychologue n'a pas la possibilité de fournir les résultats sur-le-champ. Il lui faut d'abord passer en revue ses notes et les chiffrer. La meilleure formule est de présenter en même temps les résultats aux parents et à l'enfant. Cette manière de faire a un intérêt supplémentaire en cas de parents divorcés, situation de plus en plus fréquente de nos jours. Mais certains parents ne supportent pas cette manière de faire et ils viennent sans l'enfant en disant qu'ils n'avaient pas compris.

Le psychologue qui pratique les tests peut faire varier les résultats de 10 à 20 points de QI selon qu'il a mis en confiance l'enfant ou qu'il l'a stimulé. On a pu faire passer des tests d'intelligence en groupe, notamment pour sélectionner des recrues en temps de guerre. Mais il faut un bilan individuel pour que l'enfant puisse mettre en œuvre au maximum ses capacités intellectuelles.

Le seul fait de faire passer des tests et de donner des résultats valorisants peut avoir un effet bénéfique. La cohorte de Terman savait avoir un QI bien plus élevé que la moyenne. Cela avait donné à ces membres une assurance tout au long de la vie. L'effet d'annonce ne suffit pas et il faut en profiter pour simplifier, clarifier et déculpabiliser les interrelations entre les parents et l'enfant, entre les enseignants et l'enfant.

Les lieux où se pratiquent les bilans psychologiques

En France, on s'efforce de laisser le libre choix du médecin et, dans une certaine mesure, des professionnels paramédicaux. Le public se distingue du privé seulement par les conditions d'exercice car les qualifications et les pratiques sont équivalentes. On passe un bilan psychologique de la même manière dans le public et dans le privé. Mais l'assurance maladie ne rembourse pas les actes effectués par les psychologues libéraux et un bilan psychologique coûte le prix de plusieurs consultations.

Les centres publics.

Les psychologues scolaires. L'Éducation nationale dispose de psychologues en maternelle et dans le primaire et de conseillers d'orientation dans le secondaire. Ceux-ci interviennent à la demande des enseignants lorsqu'un élève pose des problèmes d'apprentissage ou de comportement. Les psychologues sont de plus en amenés à faire passer des tests et à confirmer la précocité intellectuelle.

Les consultations en hôpital et en CMP *(Centre médico-psychologique).* Il faut s'adresser à ceux qui pratiquent la pédopsychiatrie ou la pédiatrie. Dans certains lieux, on peut obtenir une consultation directement avec un psychologue, alors qu'ailleurs il faut la prescription préalable d'un médecin. Le don intellectuel n'est pas toujours la préoccupation première de ces centres dont l'activité s'accroît d'année en année. Mais il est tout à fait erroné de croire, avec Siaud-Facchin, que « ce sont paradoxalement – et scandaleusement – les psychiatres qui sont souvent les plus réticents au diagnostic et qui le réfutent trop spontanément »[1].

Les CMPP *ou centres médico-psychopédagogiques.* Ils sont directement concernés par l'aspect psychologique des difficultés scolaires. L'équipe pluridisciplinaire est tout à fait à même de faire un bilan et d'apporter toutes les mesures souhaitables.

Les psychologues libéraux. – Il s'agit de psychologues ayant ouvert un cabinet en ville. Ils sont sou-

1. *Ibid,* p. 170.

vent plus disponibles quant aux horaires et ils offrent davantage de discrétion. Enfin, certains usagers sont persuadés que des prestations gratuites sont forcément de moins bonne qualité que des payantes. En outre, si la précocité intellectuelle n'est pas seule en cause, il faudra s'adresser à d'autres spécialistes comme des psychomotriciens ou des orthophonistes.

Chapitre VI

LES DÉBILES MENTAUX

Le lecteur peut être surpris en rencontrant un chapitre sur les débiles mentaux dans un ouvrage consacré aux surdoués. Une fois l'effet de surprise passé, il lui reviendra en mémoire ce qui précède. La cohorte de Terman a pu se constituer grâce à l'invention des tests d'intelligence. Or cette invention est issue directement du problème posé par les débiles mentaux après l'institution de la scolarité obligatoire.

Par ailleurs, le lecteur se souvient de la courbe de Gauss sur la répartition statistique des QI. La partie droite de la courbe, celle des surdoués, se reflète, pour ainsi dire, autour de l'axe médian, dans la partie gauche, celle des « sous-doués », des déficients intellectuels.

Le grand public s'est intéressé aux débiles mentaux, qui appartiennent à l'enfance handicapée, dans les années 1960. Ils pourraient faire l'objet d'un ouvrage entier. J'ai choisi seulement ce qui me paraît éclairer de façon indirecte la problématique des surdoués[1].

L'émergence de la notion de débile mental

L'intérêt pour les surdoués et celui pour les débiles provient d'un mouvement allant du plus vers le moins. Les surdoués sont issus de l'intérêt porté aux génies et

1. Malgré sa relative ancienneté, la meilleure introduction me semble être : R. Zazzo (sous la dir. de), *Les débilités mentales*, Paris, Armand Colin, 2e éd., 1969.

les débiles ont émergé de l'étude des arriérés profonds. Ce passage s'est produit à des périodes charnières où le nombre d'individus devenait déterminant sur le plan social et politique. Le nombre primait sur les qualités propres à chaque individu.

Esquirol créa le terme « idiotie » en 1818. Il permit un progrès remarquable en distinguant la démence de ce qu'on a ensuite appelé l' « arriération ». Il considérait l'idiotie non comme une maladie, mais comme un état dans lequel les facultés intellectuelles ne s'étaient pas développées, un état définitif car rien ne peut l'améliorer.

Esquirol a quand même laissé une ouverture en distinguant deux degrés d'arriération : l'imbécillité et l'idiotie. Cette conception a beaucoup pesé lorsqu'on s'est tourné par la suite vers les enfants avec des formes supérieures de déficience mentale.

Ce pronostic d'irrécupérabilité n'a pas empêché certains éducateurs de venir en aide aux jeunes arriérés. Il y eut notamment la fameuse tentative de Itard avec l' « enfant sauvage » trouvé dans les forêts de l'Aveyron. Ses deux rapports sur d'éducation de Victoire eurent un retentissement considérable en Europe et influencèrent d'autres pionniers tels que Séguin qui émigra aux États-Unis et, bien plus tard, Maria Montessori.

Il a fallu près d'un siècle avant d'arriver à l'étape suivante : celle de Binet et des débiles mentaux. Dès que la scolarité a été rendue obligatoire par la loi sur l'Instruction publique de 1882, les enseignants se sont rendu compte que certains enfants, bien que placés avec les autres enfants de leur âge, ne tiraient que peu de bénéfice de leur scolarité. Une loi de 1909 a permis de créer des classes à effectif réduit dites « classes de perfectionnement » où les débiles mentaux pouvaient recevoir un enseignement spécialisé.

Un accord général a pu se faire sur la définition de la débilité mentale. Elle peut être formulée rétrospectivement de la manière suivante : déficit global, congénital et irréversible, que les critères du test Binet-Simon (ou tout autre test de même nature) situent entre 0,50 et 0,70 de quotient intellectuel[1].

D'où viennent ces bornes qui ont servi durant un demi-siècle à délimiter la débilité mentale ? Il s'agit de chiffres fixés par convention, et non de chiffres inscrits dans la nature des débiles. Ces chiffres reflètent certaines exigences scolaires et sociales. À partir du moment où l'enseignement est devenu obligatoire, le débile mental désignait l'arriéré supérieur, celui capable d'avoir acquis en fin d'évolution (aux environs de 15 ans) la lecture et l'écriture. Cela correspondait au niveau scolaire d'un enfant de 7-8 ans.

À quelle convention correspondait la limite inférieure de 50 ? Le chiffre semble avoir été obtenu en divisant 15 (âge théorique de la fin du développement) par 7,5 (âge moyen d'acquisition de la langue écrite). La même démarche a prévalu avec les surdoués. Les QI n'ont jamais une valeur absolue, universelle. Leur signification dépend de critères pédagogiques retenus. Comme pour les maladies, c'est la société qui retient certains critères biologiques ou psychologiques et qui leur donne un sens valable pour tous.

Les parents d'enfants surdoués ne manquent pas de dénoncer l'inadéquation de l'enseignement dispensé à leur progéniture. Ils ignorent ce qui s'est passé pour les débiles mentaux. La loi qui a institué un enseignement spécialisé pour eux a été votée au début du XIXe siècle. Mais il a fallu beaucoup de temps avant qu'elle soit effective. Ce n'est qu'après la Seconde Guerre mondiale que l'implantation des classes de perfection-

1. R. Zazzo, *op. cit.*, p. 14.

nement s'est généralisée. Elles ont alors connu un rapide essor. En vingt ans (1945-1965), l'Éducation nationale a ouvert dix fois plus de classes qu'elle n'en avait créées en trente-cinq ans (1909-1944).

L'intelligence sociale fait défaut aux débiles mentaux

Les déficiences mentales moyennes et profondes sont plus facilement, plus rapidement dépistées dans la mesure où les facteurs organiques attirent l'attention et entraînent des échecs d'intégration précoces. Par contre, les déficiences légères sont plus difficiles à repérer du fait d'une intrication ou d'une confusion avec d'autres causes d'échec scolaire.

Les aliénistes du XIXe siècle considéraient les arriérations mentales comme des états endogènes et incurables. Cette tendance a persisté jusque dans la seconde moitié du XXe siècle avec les débilités mentales. Des psychologues spécialisés soutenaient que l'essentiel résidait dans la distinction systématique entre débilité (de cause) endogène et débilité (de cause) exogène. Cela revenait à soutenir que les vraies débilités étaient endogènes et que les autres n'étaient « en somme que des débilités accidentelles ».

L'idée que des déficiences mentales légères pouvaient être causées par des environnements défavorables avait pu faire son chemin aux États-Unis dans les années difficiles qui suivirent la grande crise de 1929. Des enquêtes épidémiologiques trouvèrent dans les banlieues très défavorisées un grand nombre d'enfants déficients mentaux. Mais on n'arriva pas à mettre en évidence chez eux de facteurs organiques nets.

Certains psychologues américains ont renouvelé l'approche des débiles mentaux en insistant sur leur déficience sociale plus que sur leur déficience mentale.

Dans cette perspective, le débile mental est celui qui peine ou n'arrive pas s'adapter à la vie en société. Il est aussi celui qui n'est pas en mesure d'assumer la pleine responsabilité de ses conduites, ou qui ne parvient pas à subvenir à sa propre existence.

Les QI retenus pour définir la débilité mentale correspondaient à certaines exigences scolaires et sociales. Si le nombre de classes de perfectionnement a décuplé après la Seconde Guerre mondiale, ce n'est pas seulement à cause de l'État-providence. La société occidentale s'est beaucoup transformée, en particulier dans le monde du travail. Les exigences professionnelles se sont accrues et, par conséquent, les insuffisances de nombre de citoyens.

La notion de débilité mentale est apparue avec la scolarité obligatoire. La borne supérieure reste fixée à 70 de façon officielle. Mais la prolongation de la scolarité jusqu'à 16 ans a tendance à relever cette barre. Une surprise après la Seconde Guerre mondiale a été de découvrir que la première cause d'inaptitude au service militaire venait des affections psychiatriques, où la débilité mentale tenait une place non négligeable.

Comme cela est arrivé avec les surdoués, on s'est demandé si l'on ne devait pas faire une place à l'intelligence sociale – c'est-à-dire à l'ensemble des qualités et des défauts qui favorisent ou handicapent le développement des relations, l'adaptation à la vie en société.

Qu'en est-il des déterminismes sociaux ?

Les débiles mentaux ont connu les feux de l'actualité avant les surdoués. La première conférence internationale sur les déficiences mentales s'est déroulée à Londres en 1960. À cette époque, bien des chercheurs en sciences sociales, en psychologie et en psychiatrie étaient influencés par le marxisme. Ils mirent en évidence le rôle joué par les facteurs sociaux dans les débilités mentales.

Si l'on examine les publications consacrées au sujet depuis le début du XXe siècle, on s'aperçoit qu'on a surtout croisé le niveau intellectuel avec trois données :

- le statut socio-économique ;
- l'habitat ;
- la dimension de la famille.

Toutes les recherches ont abouti au même constat : le résultat aux tests d'intelligence est influencé par le statut socio-économique. Ceux qui appartiennent aux milieux les plus défavorisés obtiennent des résultats inférieurs à ceux qui viennent des autres milieux. Nous savons que l'enquête de Terman avait déjà mis en évidence la relation inverse pour les surdoués.

Si l'on s'accorde sur ce constat, on continue à débattre sur l'explication. Les enfants venant des milieux sociaux, économiques et culturels défavorisés obtiennent-ils de mauvais résultats parce qu'ils viennent de milieux pauvres sur tous les plans, parce qu'ils naissent de parents déficients mentaux, ou encore de la conjonction des deux ?

Certains ont voulu chiffrer la part respective de l'hérédité et du milieu. Il serait imprudent de les suivre. Contentons-nous de ce qui semble établi :

- le niveau d'intelligence s'élève avec le statut socio-économique ;
- quel que soit le statut considéré, on y retrouve tous les niveaux d'intelligence. Seule la proportion diffère ;
- une liaison entre statut socio-économique et niveau intellectuel paraît se manifester seulement à partir de 3 ans.

Le rapport entre intelligence et habitat a moins passionné. La plupart des travaux concluaient à la supériorité du niveau mental des citadins. Le milieu rural assurerait moins l'épanouissement des capacités intellectuelles. On retrouve plus de surdoués en milieu urbain, mais c'est dans les grandes villes qu'on trouve les enseignements les plus sélectifs. Ces études ont été réalisées avant le retour de certains citadins à la vie rurale et le développement des zones périurbaines.

Il y a peu à dire sur le rapport de l'intelligence avec la dimension de la famille. On trouverait davantage de débiles mentaux dans les familles nombreuses puisque le niveau d'intelligence s'abaisse lorsque la taille de la fratrie s'accroît. À l'inverse, le surdoué est volontiers présenté comme l'aîné d'une petite fratrie, ou un enfant unique. Mais il n'est pas rare que ce soit un benjamin, du fait de l'âge plus tardif des grossesses.

Chapitre VII

LES DIFFICULTÉS PSYCHOLOGIQUES DES SURDOUÉS

Nous abordons l'un des aspects les plus controversés. On ne discute pas l'existence de difficultés psychologiques chez les surdoués, mais la nature de celles-ci. La part des idées et des convictions prime nettement sur celle des faits. Essayons de comprendre pourquoi ce débat existe et surtout pourquoi il dure depuis si longtemps.

Terman voulait tordre le cou à une série de clichés concernant les surdoués : l'enfant au QI élevé est malingre, myope, maladroit, solitaire, chahuté, objet de railleries et, cependant, imbu de sa personne. Son étude a cherché à imposer une série de clichés inverses : l'enfant au QI élevé est robuste, adroit, sociable, populaire et, cependant, pas vaniteux.

Si beaucoup de surdoués se montrent équilibrés dans leur vie affective et sociale, une minorité importante d'entre eux connaissent des difficultés affectives et sociales. On avance un taux de 20 à 25 % plus élevé que celui trouvé dans la population des enfants d'âge scolaire. Ils sont confrontés à des différences dont ils s'accommodent plus ou moins bien. Même si les relations familiales sont stables et positives, de nombreux enfants surdoués continuent de se sentir différents.

Le paradoxe de l'élite fragile

Les surdoués ont toujours été le domaine réservé des psychologues et, dans une moindre mesure, des pédagogues, ainsi que le montre la bibliographie. Il existe très peu de publications psychiatriques, même aux États-Unis. Il faut savoir que les quelques publications françaises remontent aux années 1970, époque où la tendance dominante était psychanalytique.

Depuis une dizaine d'années, ce sont les sciences cognitives et les neurosciences qui ont la faveur des universitaires et des parents. Howard Gardner et Ellen Winner en sont la brillante illustration aux États-Unis. Dans cette perspective, le surdoué n'est plus le sujet d'un conflit psychique mais un être affecté par un dysfonctionnement cognitif.

En tant que pédopsychiatre sollicité à donner un avis ou à aider des enfants surdoués, j'ai une opinion plus nuancée. Le fait d'être surdoué n'empêche pas de souffrir des mêmes difficultés que les autres, même si les proportions peuvent varier. Il arrive que des parents d'enfant surdoué soient mentalement perturbés comme les parents d'autres écoliers. Toutefois, personne ne peut prétendre connaître toutes les situations et il faut tenir compte de l'opinion des professionnels travaillant au côté des associations.

Cela nous plonge dans un paradoxe : comment persuader que ceux que la nature paraît destiner à faire partie de l'élite soient plus exposés, réclament davantage d'aide que la moyenne ? La seule réponse opératoire consiste à établir que le surdoué est une victime de l'insuffisance de la politique d'intégration scolaire. Mais on voudrait en même temps qu'il soit reconnu comme une personnification de l'élite scolaire.

Ceux qu'on entend le plus soutiennent que les difficultés des surdoués sont forcément le revers de leur précocité intellectuelle. Terrassier affirme, de façon catégorique : « La plupart des problèmes que les enfants surdoués doivent assumer dépendent pour l'essentiel d'un contexte sociopédagogique inadapté. »[1]

Voici un exemple fourni à l'appui de cette thèse par une psychologue spécialement intéressée par les problèmes des enfants surdoués. Une fillette souffre, par intermittences, de son ventre. L'intensité de la douleur a pu faire craindre une crise d'appendicite et imposer une hospitalisation d'urgence. Leur généraliste a heureusement l'idée de faire évaluer son QI par cette psychologue. Il s'agit nettement d'une enfant surdouée. Tout s'explique. Cette fillette (dont on ne nous donne pas l'âge) ne peut pas souffrir d'angoisse de séparation ou de phobie puisqu'elle a un QI au-dessus de la moyenne.

Cela n'écarte pas le désarroi des parents face à un enfant déroutant, d'où la réflexion amusante qu'on entend parfois : « On m'a donné l'enfant sans me donner le mode d'emploi ! » La colère ou l'anxiété des parents peut être tout à fait justifiée face à une institution scolaire rigide ou sourde devant la détresse de l'enfant différent. Nous plongeons de nouveau dans le paradoxe : le surdoué en échec scolaire participe de la problématique des handicapés et il pâtit comme eux des insuffisances de la politique d'intégration.

Le syndrome de dyssynchronie suffit-il à expliquer toutes les difficultés des surdoués ?

Zazzo a rafraîchi l'approche de la débilité mentale en 1960. Il a soutenu qu'il y a « toutes sortes d'intel-

1. J.-C. Terrassier, *op. cit.*, p. 40.

ligence, que l'adaptation de l'adulte à la vie sociale ne dépend pas seulement du QI ». La débilité mentale ne se définit pas de la même façon à l'école et dans le travail ou les loisirs, dans l'enfance et l'âge adulte.

Zazzo a proposé de considérer le QI, non plus comme un quotient d'âge, mais comme le rapport entre la vitesse de croissance mentale d'un individu et la vitesse moyenne de croissance mentale de son groupe d'âge. Le débile mental ne se développe pas de la même manière que l'enfant normal ; il se développe à des vitesses différentes selon les secteurs de développement psychobiologique. Par exemple, il progresse moins vite dans son organisation spatiale que dans son rendement psychomoteur. Mais l'*hétérochronie* fondamentale se situe entre la croissance physique et la croissance mentale.

Terrassier a repris la notion d'hétérochronie pour les surdoués en changeant l'appellation ; les enfants surdoués connaissent aussi un développement hétérogène. Ils sont sujets au « syndrome de dyssynchronie »[1]. Cette dyssynchronie a un double visage : la dyssynchronie interne au sein de la personne surdouée et la dyssynchronie sociale en relation avec l'environnement.

En ce qui concerne l'interne, le décalage se trouve le plus souvent entre le développement psychomoteur et le développement intellectuel de l'enfant surdoué. En gros, l'intellectuel va plus vite que la psychomotricité. L'enfant qui a très vite appris à lire peine à écrire au rythme de sa pensée. Un autre décalage bien connu se situe entre le développement intellectuel et le développement affectif. Une intelligence brillante peut cacher une immaturité affective.

1. J.-C. Terrassier, Le syndrome de dyssynchronie, *Neuropsychiatrie de l'enfant et de l'adolescent,* 1979, n° 10-11, p. 445 ; *op. cit.*, chap. 3.

La description de la dyssynchronie sociale procède de la même évidence. L'esprit de l'enfant surdoué se développe plus vite que la moyenne des autres enfants. Il subirait un préjudice par rapport à la bonne moyenne appréciée par les enseignants. L'enfant surdoué serait contraint à la dyssynchronie par rapport au milieu scolaire. « C'est-à-dire devenir distrait pour se défendre contre l'ennui engendré par une ambiance aussi peu stimulante. »[1]

Terrassier a décrit un « syndrome » – c'est-à-dire un ensemble de symptômes pouvant s'observer dans plusieurs états pathologiques. Cela ne l'empêche pas de déclarer : « En réalité, la dyssynchronie que nous avons décrite ne nous semble pas faire partie de la psychopathologie. »[2] Il rejette toute parenté avec un autre terme : celui de « dysharmonie évolutive », qui impliquerait une atteinte profonde de la personnalité.

Cela mérite d'être discuté. La notion de dysharmonie évolutive a une origine psychanalytique[3]. Elle provient directement de Anna Freud qui a mis en évidence chez certains enfants des lignes de développement non harmonisées. Cette notion a été reprise par la Classification française des maladies mentales de l'enfant afin d'insister sur le dynamisme et la complexité des facteurs qui provoquent un état mental anormal.

La dysharmonie paraît aussi inhérente au développement normal. L'enfant ne peut pas accéder à de nouveaux paliers évolutifs sans crises, ruptures et remaniements. Il faut savoir évaluer un mouvement évolutif en envisageant le rôle qu'il joue dans l'intégration. L'adolescence fournit une bonne illustration pour ce point de vue. On ne peut distinguer la crise

1. J.-C. Terrassier, *op. cit.,* p. 35.
2. *Ibid., op. cit.,* p. 40.
3. R. Misès, La place des dysharmonies évolutives de l'enfant, *L'Information psychiatrique,* n° 9, 1977, p. 1007.

d'adolescence des maladies mentales à l'adolescence sans estimer le poids et la place des divers facteurs en jeu, la continuité et la dynamique évolutive.

Les difficultés et le retard scolaires

Un enfant qui n'apprend et ne pense pas comme les autres risques plus souvent de souffrir et d'entrer en conflit avec le système éducatif. En outre, les enseignants ne sont pas toujours habitués à reconnaître les surdoués et ils n'ont pas toujours reçu une formation complémentaire. Mais l'enfant peut aussi se trouver en difficulté scolaire pour des raisons psychologiques qui lui sont propres. Nous laissons de côté ce qui est provoqué par l'école et nous aborderons les réponses pédagogiques dans un autre chapitre.

En France, l'école, toutes catégories professionnelles confondues, reste le premier demandeur de consultations psychologiques ou psychiatriques. Il en va de même pour les surdoués. Les garçons viennent consulter en plus grand nombre que les filles, du moins jusqu'à l'adolescence.

Nous verrons mieux l'enjeu des consultations si nous revenons en arrière, à une publication faite en 1979 par une neuropsychiatre[1]. Elle rapportait l'évolution d'une institution médico-éducative ouverte en 1954 dans le Sud-Ouest. Cet internat recevait surtout des enfants caractériels des deux sexes, débiles légers souffrant de carences graves. La levée de l'inhibition intellectuelle fit découvrir à la sortie que certains avaient retrouvé un QI élevé. Cela conduisit l'établissement à recevoir seulement des enfants d'intelligence normale ou supérieure.

1. G. Parat, Vingt ans de psychopathologie de l'enfant doué et surdoué en internat psychothérapique, *Neuropsychiatrie de l'enfant et de l'adolescent,* n° 10-11, 1979, p. 467.

Les surdoués commencèrent à arriver dans les années 1960 et leur proportion se stabilisa au quart de l'effectif. Au total, 600 enfants y ont séjourné deux ans et demi. Prat en a conclu à la fragilité psychique des surdoués. Elle a trouvé chez eux les mêmes troubles que chez les autres enfants. Le pourcentage seul varie. Enfin, elle insistait sur l'importance d'intervenir avant la puberté.

On a considérablement réduit la taille et le nombre des internats médico-pédagogiques pour des raisons socioculturelles et économiques. La quasi-totalité des situations concernant les surdoués se traitent à l'heure actuelle en consultation. Les difficultés et le retard scolaire restent des motifs fréquents de consulter.

On donne comme parcours type celui de l'enfant dont le don intellectuel n'est reconnu que sur le tard. C'est un peu tendancieux puisque ce parcours peut être aussi bien la réussite brillante que l'échec marqué. Dans le portrait type, ça se passe assez bien dans le primaire puisque le niveau intellectuel suffit largement pour assimiler les connaissances et le faire savoir.

Les ennuis commencent plutôt en 6e, à l'entrée au collège. Les parents et les enseignants hésitent à porter un jugement sur une baisse de notes. En effet, la nouvelle organisation a nécessité un effort d'adaptation. Les signes d'essoufflement se précisent en 5e et le doute n'est guère permis en 4e.

Les spécialistes expliquent ce parcours ainsi : l'enfant surdoué a appris sans avoir eu beaucoup à travailler. Il lui manque le goût de l'effort et il n'a pas appris comment on apprend. Ils ajoutent l'ennui à cause du décalage entre le fonctionnement cognitif du surdoué et la manière habituelle d'enseigner. L'ennui peut provoquer de l'agitation. Enfin, ils ne manquent pas d'évoquer le risque d' « automutilation » mentale par besoin de conformisme. Cela peut devenir un vrai casse-tête pour le spécialiste qui sait que la dyslexie se rencontre plus souvent chez le surdoué.

Mais on vient plus souvent lui demander un avis pour un saut de classe. L'enfant a-t-il bien une intelligence supérieure ? A-t-il la maturité suffisante pour s'adapter à ce changement ? Signalons une procédure intéressante proposée par Terrassier : le QI compensé. Un calcul simple permet de voir de quelles réserves intellectuelles disposerait l'enfant s'il se trouvait dans la classe supérieure[1].

Quels troubles sont plus spécifiques des enfants surdoués ?

Le surdoué peut être atteint par n'importe quel trouble de l'enfance. Mais la fréquence de ces troubles n'est pas la même que chez les autres enfants. En outre, les pathologies sont nuancées par les caractéristiques affectives et intellectuelles de ces enfants. Aucun signe clinique ne peut suffire à identifier une pathologie. Ce n'est que s'il est intense, s'il persiste et s'il s'accompagne d'autres signes que l'on pourra conclure à une difficulté psychologique ou à un trouble mental. Le point délicat consiste à établir ce qui provient du fonctionnement cognitif du surdoué et ce qui exprime des troubles associés.

Les troubles des apprentissages. – On retrouve avec une plus grande fréquence chez les surdoués des troubles de l'apprentissage tels que la dyslexie, la dysorthographie ou une difficulté à écrire. Les surdoués peuvent se trouver en difficulté dès qu'ils passent au langage écrit. Lorsqu'ils écrivent, la main se crispe et l'acte se ralentit. On explique cette difficulté par le dé-

1. J.C. Terrassier, Une méthode nouvelle d'évaluation de l'intérêt de la prise d'avance scolaire, *ANAE,* 2002, 67, 135.

calage entre la rapidité de l'expression orale et la lenteur du développement psychomoteur. On invoque aussi la dyssynchronie à propos du décalage entre la rapidité de la pensée et la lenteur du geste graphique. Mais tous les enfants surdoués sont loin d'avoir du mal à écrire.

On a fait appel aux neurosciences pour expliquer cette conjonction. Une théorie en vogue à l'heure actuelle se sert des différences neuropsychologiques entre les cerveaux droit et gauche. Le cerveau gauche, logique, rationnel, effectue un travail séquentiel et analytique. À ce titre, il gouverne le langage, alors que le cerveau droit se consacre à l'intuition, l'émotivité et la créativité. Chez le surdoué, c'est l'hémisphère droit qui dominerait. La modalité commune concernerait le traitement des *stimuli* verbaux chez les surdoués et les dyslexiques. Mais le bât blesse parce qu'une nouvelle théorie de la dyslexie est avancée tous les trois-quatre ans.

L'hyperactivité. – Chaque époque privilégie quelques affections nouvelles ou renouvelées. Il en va ainsi de l'hyperactivité, évoquée beaucoup plus souvent par les enseignants et les parents que la précocité intellectuelle. L'instabilité retenue autrefois par la clinique française a été détrônée par le THADA (Trouble de l'hyperactivité avec déficit de l'attention). On peut poser ce diagnostic s'il existe six symptômes au moins d'inattention ou six symptômes d'hyperactivité-impulsivité. Certains de ces symptômes doivent être présents avant l'âge de 7 ans et entraîner une gêne dans au moins deux situations différentes (à l'école et à la maison, par exemple).

Ceux qui viennent en aide aux surdoués insistent sur le fait que ce genre d'enfant est très actif par nature, qu'il peut devenir hyperactif s'il s'ennuie en classe. Il peut faire preuve d'une attention forte et soutenue s'il est passionné par un sujet alors qu'il devient inattentif s'il est seulement obligé de participer. Des tests de Conners remplis par l'enseignant et les parents peuvent aider à y voir plus clair. Mais on peut très bien être surdoué et hyperactif.

La dépression. – La dépression occupe la première place parmi les affections mentales de l'adulte. On a appris à mieux reconnaître les aspects particuliers que prend la dépression chez l'enfant. On a signalé un lien particulier entre dépression et surdouance. L'ennui du surdoué en classe peut être l'équivalent du *spleen* rendu célèbre par les poètes romantiques. Les psychiatres savent que l'ennui peut être le signe annonciateur ou le premier degré de la dépression.

À l'adolescence, la dépression devient la pathologie la plus fréquente. L'aspect intellectuel particulier du surdoué entraîne deux cas de figure. Il se peut qu'un adolescent déprimé commence par désinvestir l'école alors qu'il avait jusque-là de bons résultats. À l'inverse, le tableau clinique peut surprendre parce que l'adolescent, bien que déprimé, arrive à maintenir un investissement intellectuel et poursuivre une scolarité acceptable.

Les surdoués se voient fréquemment attribuer les capacités des créateurs. On a établi un lien de fréquence entre certains troubles mentaux et créativité. Nombre d'artistes et d'écrivains anglo-saxons ont été traités pour des affections mentales. Les troubles de l'humeur occupent une place de premier plan. La manie peut être une manière de fuir une problématique dépressive. Une hypomanie ressemble dans ses effets intellectuels à la surdouance, notamment par la capacité à se polariser temporairement, la richesse des associations et surtout la rapidité de la pensée.

L'anorexie mentale. – Cette affection qui survient surtout à l'adolescence nous fait percevoir la complexité de notre recherche. Les anorexiques sont bien connues pour être de bonnes élèves, pour surinvestir la sphère intellectuelle. On devrait avoir parmi elles une grande proportion de surdouées. Or il n'en est rien. Les anorexiques doivent leur excellence scolaire surtout à un travail acharné. Il arrive que des surdouées fassent un épisode d'anorexie mentale, mais celui-ci fait suite à un épisode dépressif.

L'apport de la psychanalyse

La psychanalyse a fourni une littérature considérable et variée. On y retrouve pourtant très peu de publications sur les patients surdoués. Il est encore plus surprenant de s'apercevoir que les psychanalystes ont accordé peu d'importance à l'intelligence. Or celle-ci joue un rôle dans toutes les phases du développement de l'enfant.

Comment expliquer cette absence criante ? On peut remarquer que les psychanalystes et leurs patients se sont recrutés, au moins dans les premières décennies, dans les milieux socioculturels qui fournissaient la plus grande proportion de surdoués.

On peut rappeler, à titre anecdotique, le YARVIS, syndrome qui désignait de façon humoristique le patient type recherché par les psychanalystes américains dans les années 1960. Cet acronyme se décomposait ainsi : Youth (jeune), Attractive (séduisant), Rich (riche), Verbal (à la parole facile), Intelligent (intellectuellement doué), Sophisticated (évolué).

Des psychanalystes d'enfants ont établi des liens entre désir de savoir et fantasme ou vie instinctuelle. Un terme a pris de la valeur dans ce contexte : intellectualisation. Le sujet parle en faisant un discours de son vécu et de ses conflits. Il cherche à maîtriser ainsi ses sentiments et ses émotions. Le terme indique que la pensée abstraite prend le pas sur l'émergence et la reconnaissance des affects. On rapproche volontiers la rationalisation de l'intellectualisation. Mais alors que celle-ci cherche à tenir à distance les affects, celle-là leur attribue une justification d'ordre rationnel ou moral.

Un don intellectuel exceptionnel devrait entraîner une perturbation du fonctionnement du moi ou des relations d'objet dans d'autres secteurs. En outre, l'environnement, notamment maternel, va réagir à ce don et traiter l'enfant de façon spéciale. L'enfant surdoué sera d'autant plus sensible aux excitations et aux perceptions qu'il aura été soumis trop précocement à certaines stimulations.

De nos jours, on est davantage intéressé par la mentalisation. Elle désigne l'activité mise en œuvre pour transformer les excitations venues du corps en un contenu mental symbolisé. Elle constitue une tâche complexe qui vise à produire des contenus psychiques préconscients. Plus récemment, le terme a servi pour désigner le fait d'attribuer des états mentaux à autrui, à leur donner sens.

Une grande intelligence ne s'accompagne pas automatiquement d'une bonne mentalisation. Elle peut même conduire à son contraire : la pensée opératoire. Lorsque l'intelligence fournit les moyens de maîtriser les excitations, elle peut rendre plus vulnérable aux traumatismes psychiques.

On aboutit à une situation limite quand un enfant intellectuellement doué développe de façon précoce un trouble de la personnalité. L'enfant utilise sa grande intelligence pour mettre en jeu des stratégies destinées à éviter l'impact de la souffrance psychique ou l'effet des pulsions destructrices.

Le surdoué peut arriver à masquer le trouble de la personnalité, surtout si l'entourage est effectivement rassuré par ce camouflage. Si l'enfant est testé malgré tout, il conserve souvent un QI verbal impressionnant face à un QI performance bien moyen.

Lors des consultations psychiatriques, on rencontre beaucoup plus de troubles dans le registre névrotique avec les enfants qui se révèlent surdoués. Il est malaisé d'aller plus loin que ce constat. Les auteurs continuent de se demander si les surdoués intellectuels sont mieux ou plus mal armés pour affronter leurs conflits psychiques, les stress de la vie. On admet que les difficultés d'adaptation augmentent au fur et à mesure que le niveau intellectuel s'élève. Les enfants dont le QI atteint ou dépasse 160 ont tendance à s'isoler des autres enfants, et ils s'adaptent moins bien socialement.

La maturité à marche forcée

Alice Miller est connue grâce au succès de son livre, *Le drame de l'enfant doué* (Paris, PUF, 8e éd., 1995). Cette psychanalyste suisse a entremêlé la question du surdoué et celle de l'enfant maltraité psychologiquement.

L'intuition de départ nous intéresse. Certains enfants, en raison de leur vive sensibilité et de leur intelligence suractivée, ressentent tôt les besoins et les troubles psychiques de leurs parents. Ils s'y adaptent un peu trop, à leurs dépens. Ils apprennent à dissimuler des sentiments intenses : colère, indignation, désespoir, jalousie ou peur, ceux que leurs parents ne supportent pas. Même si les circonstances de la vie font resurgir ces sentiments, ils ne pourront pas les intégrer à leur personnalité.

Dans les années 1940, Van Vogt a fait paraître un roman de science-fiction qui peut nous faire sentir le drame de l'enfant surdoué. À une époque non définie, il s'est développé au sein de l'espèce humaine une espèce différente par son niveau mental très supérieur : les Slans. Après avoir exercé un pouvoir sans partage, les voici pourchassés et abattus sur toute la planète.

Grâce à leur intellect exceptionnel, les Slans sont capables de télépathie – d'entendre, pour ainsi dire, les pensées produites par les humains. Le tout début du roman fait vivre de façon évocatrice ce qui se passe chez l'enfant surdoué, lorsqu'il doit affronter des circonstances exceptionnelles.

« Il sentit la main glacée de sa mère étreindre son poignet.

« Mille (...) idées venaient battre son esprit, pensées des passants qu'ils croisaient ou des occupants des maisons devant lesquelles ils passaient (...). Ils nous suivent, Jommy, transmit le cerveau maternel. Ils ne sont pas sûrs, mais ils ont des soupçons. (...) Enfin, Jommy, si le pire se produit, tu sais ce qu'il faut dire. Nous avons suffisamment fait de répétitions. Et, Jommy, n'aie pas peur, ne t'énerve pas. Tu n'as peut-être que 9 ans, mais tu es aussi intelligent qu'un humain de 15 ans. »

« "N'aie pas peur. C'est facile à dire", songea Jommy, en s'efforçant de cacher à sa mère cette pensée. [Il] y avait des pensées qu'il valait mieux garder pour soi. Elle n'avait pas besoin de savoir que lui aussi avait peur. »[1]

Un enfant qui se trouve en relation avec une mère limite ou psychotique va souvent s'en sortir en devenant hypermature. Il peut arriver que les rôles entre parent et enfant s'inversent. L'enfant se transforme en un véritable garde-malade pour atténuer la souffrance psychique de sa mère. Il a besoin de maîtriser ses sen-

1. A. E. Van Vogt, *À la poursuite des Slans* (trad. J. Rosenthal), Paris, Éd. J'ai lu, 1987, p. 5.

timents intolérables. Il va se suradapter à la situation, court-circuiter sa maturation.

L'intelligence aide à maîtriser les événements, à surmonter l'adversité et être créatif. Certains enfants surdoués connaissent l'hypermaturité des enfants de parents limites ou psychotiques. Certains enfants dont les parents sont engagés dans des divorces conflictuels peuvent aussi devenir hypermatures. L'enfant parle comme un adulte et donne même l'impression de penser comme un adulte. Le traumatisme peut provoquer le bien comme le mal. Il peut faire éclore des facultés nouvelles ou révéler des facultés potentielles. Lorsqu'un enfant se voue entièrement à la survie psychique d'un proche, il peut investir à l'extrême le domaine du langage et de la pensée.

Chapitre VIII

LES RÉPONSES PÉDAGOGIQUES

Nous avons appris qui sont les enfants surdoués et comment on les reconnaît. Cela nous amène à d'autres questions : quelles solutions peut-on proposer aux enfants intellectuellement doués ? Quelles mesures devrait-on préférer ou imposer ?

Ce débat dure depuis des décennies un peu partout dans le monde industrialisé et n'est pas prêt de s'éteindre. Les réponses sont fournies par une triade dont on a usé toutes les combinaisons :

- accélération du cursus ;
- enrichissement des programmes ;
- regroupement des élèves.

Dans toutes les démocraties, cela revient à chercher une solution à la quadrature du cercle : comment concilier la recherche de l'excellence et celle de l'égalité ? La grande majorité des Français restent attachés aux principes de la République. Faut-il favoriser l'élite ou la masse ? Peut-on aider à la fois l'élite et la masse ?

Il ne faut pas se faire d'illusions, tous les choix pédagogiques nécessitent des compromis. Une circulaire de l'Éducation nationale (8 février 2000) n'a pas hésité à proclamer : « Tout en portant, bien sûr, la plus grande attention aux progrès de *tous* les élèves, il importe aussi de pousser résolument la jeune *élite scolaire* (...). Il importe donc de concilier en permanence *ces deux facettes de l'excellence scolaire* : une progression commune et des réussites remarquables. »

Tour d'horizon mondial

Il est malaisé de vouloir faire un tour d'horizon mondial tant chaque pays compose un mélange particulier de facteurs démographiques, techniques, économiques, sociaux et culturels. Chaque pays a son système éducatif, avec la part du public et du privé, avec son degré de décentralisation.

Enfin, la mondialisation induit une relative uniformisation tout en provoquant une accentuation des particularismes. Commençons par les pays qui valorisent la présence des surdoués et qui ont adopté des mesures en leur faveur. Ce sont les États-Unis, le Canada, Israël et Taiwan.

À tout seigneur, tout honneur. C'est aux États-Unis qu'ont été réalisées le plus grand nombre d'enquêtes et de recherches. À titre d'illustration, Winner, dans son livre de 1996, a aligné 50 pages de références, toutes de langue anglaise à l'origine.

C'est aussi aux États-Unis que se maintient la plus ancienne tradition en faveur des surdoués : création d'une association pour les surdoués dans les années 1940, vote de dispositions législatives et création d'une agence fédérale pour les surdoués la décennie suivante. Par la suite, on ne manque pas d'évoquer le rôle joué par la « guerre froide ». Les programmes pour surdoués auraient été réactivés en réaction au lancement réussi du *Spoutnik* par les Soviétiques en 1957.

La situation américaine reste cependant très complexe à appréhender. Les Américains se distinguent des Européens en ce qu'ils n'attendent pas forcément de l'Administration centrale ce que chaque État ou des fonds privés peuvent faire. Par-delà le cadre fédéral, chaque état peut conduire sa propre politique. La tendance actuelle serait d'enrichir les contenus plutôt que d'accélérer les cursus ou de regrouper les élèves. On associe volontiers le Canada aux États-Unis, surtout dans la partie anglophone, tant les situations se rapprochent.

L'exemple d'Israël est plus original. Bien qu'étant une démocratie, ce petit pays a mis en place un dépistage systématique des élèves avec des potentiels intellectuels élevés. Ceux qui sont classés en tête obtiennent soit un enrichissement éducatif, soit une place dans des écoles spéciales[1]. Israël a généralisé les classes spéciales pour surdoués en 1974, après la guerre Yom Kippour.

Nous savons peu sur la politique de Taiwan en faveur des surdoués, mais sa situation peut se comparer à celle d'Israël.

Un cran au-dessous se situent les pays qui prennent en compte officiellement les surdoués, mais ne mettent pas en œuvre un dispositif systématique. Il s'agit d'autres pays anglophones comme la Grande-Bretagne, l'Afrique du Sud, des pays de l'Europe de l'Ouest comme l'Allemagne, les Pays-Bas et l'Espagne, quelques pays asiatiques comme Singapour et la Corée du Sud, la Russie et quelques pays de l'Europe de l'Est depuis le début des années 1990. Il en irait de même pour la Chine.

La France fait partie des pays où il existe un intérêt et des expériences en faveur des surdoués, mais pas de politique explicite. C'est pareil pour beaucoup de pays d'Amérique latine et d'Afrique. Notons qu'en Suisse, autre État fédéral, on rencontre également une situation très hétérogène.

1. Il existait en français, à la fin des années 1970, la traduction d'un article de A. Ziv, professeur de psychologie, et un article de D. Bitan, L'éducation des enfants surdoués en Israël, *Neuropsychiatrie de l'enfant et de l'adolescent,* n° 10-11, 1979, p. 475.

Enfin, des pays paraissent opposés à toute mesure favorable aux surdoués comme les pays scandinaves.

Le Japon reste un cas à part. Il répondrait aux souhaits de Winner pour les États-Unis : « relever le niveau pour tout le monde » afin de réduire les mesures en faveur des surdoués.

La situation française

On s'est aperçu qu'on ne pouvait pas résoudre le problème des surdoués seulement en fournissant à tous les enfants les moyens matériels de poursuivre leurs études. Il fallait aborder la question des surdoués comme celle des débiles mentaux, c'est-à-dire en leur fournissant des mesures éducatives spécifiques. On s'est aussi rendu compte que les enfants surdoués sont loin de former un groupe homogène pour les enseignants.

Un point de vue idéaliste amènerait à soutenir qu'une véritable démocratie doit offrir à tous les enfants l'occasion de s'adonner à des tâches stimulantes et de se développer de façon satisfaisante. L'idéalisme fait oublier que, si l'éducation doit tenir compte du droit de l'individu à s'épanouir et à réussir le plus possible, l'éducation se doit aussi d'imposer des obligations. Les groupes de pression omettent les obligations que la société peut imposer aux surdoués.

Aucun texte ne fait référence de manière explicite aux élèves surdoués, mais notre système éducatif constitue un cadre général dans lequel peuvent être élaborées des réponses adaptées aux besoins spécifiques des surdoués. Ce cadre général a été défini par la loi d'orientation du 10 juillet 1989. La scolarité a été organisée par cycles afin de favoriser l'adaptation des enseignements aux besoins des élèves.

Le système éducatif français possède déjà un ensemble de dispositifs qui, sans qu'on n'ait besoin de modifier le cadre réglementaire ou avec des ajustements réduits, devraient permettre d'offrir une réponse efficace et personnalisée. Il s'agit moins de créer de nouvelles structures que d'utiliser des dispositions existantes au profit de ces élèves particuliers. Cela explique que la plupart des stratégies reposent sur la recherche d'un équilibre entre enrichissement et accélération.

Les solutions possibles[1]

La France n'a pas choisi de repérer de manière précoce et systématique les enfants intellectuellement doués afin de renforcer ses élites. Elle est censée offrir à chaque élève toutes les chances d'exploiter à fond ses potentialités et/ou de l'aider à surmonter ses difficultés. Cela conduit à combiner des réponses variées.

L'enrichissement des contenus d'apprentissage. – Le principe consiste à faire des apports supplémentaires. Le plus simple est d'offrir des cours en dehors du temps et des lieux scolaires. Cette possibilité convient mieux aux systèmes scolaires qui décomposent la journée en deux : l'enseignement proprement dit le matin, des activités diverses l'après-midi. On peut offrir ce supplément deux fois par semaine au plus et cela paraît bien faible face à une semaine standard.

L'accélération des rythmes d'apprentissage. – On ne peut pas envisager la vitesse de progression des élèves sans tenir compte des contenus qui leur sont proposés. L'enfant qui saute une classe enrichit forcément les contenus de ses programmes. Le « saut de classe » est assez courant pour les enfants surdoués.

1. Rapport Delaubier.

La mise en place des cycles a permis une progression accélérée pouvant aller jusqu'à deux ans d'avance.

On adresse deux reproches à l'accélération du cursus : d'une part, elle accentue les difficultés dans les domaines où l'enfant n'était pas à l'aise ; d'autre part, elle oblige l'enfant doué à vivre avec des enfants plus âgés alors que la précocité intellectuelle peut favoriser le manque de maturité affective.

Le regroupement dans des classes spéciales. – Les classes spéciales constituent la solution la plus radicale puisqu'on dispose alors d'un maximum de temps pour un groupe homogène. La création de ces classes a été la première revendication des parents de surdoués et de leurs associations. Les classes spéciales symboliseraient la reconnaissance des besoins spécifiques des surdoués. Le regroupement ne vise pas seulement à rassembler des enfants de potentiels et de niveaux scolaires comparables. Il cherche aussi à atténuer le sentiment de différence.

Les établissements scolaires offrant une pédagogie spéciale aux surdoués se trouvent en grande majorité dans le privé et essentiellement dans les collèges. La première expérience reconnue par l'Éducation nationale a eu lieu de 1987 à 1991 dans une école élémentaire de la région niçoise (en liaison étroite avec Terrassier et l'ANPEIP). L'établissement le plus médiatisé se trouve aussi à Nice : le lycée-collège Michelet. Il forme chaque année des bacheliers classés parmi les plus jeunes de France. Ces dernières années, des collèges publics ont pris place dans le créneau, comme le collège des Cèdres au Vésinet (Yvelines) dont l'ancienne directrice était S. Côte, présidente de l'AFEP.

Les écoles intégratives regroupent les enfants surdoués dans une classe banale pour leur proposer d'autres formules pédagogiques. Cela implique d'aménager sans cesse le projet pédagogique en tenant compte de l'évolution des élèves. Cela suppose une sensibilisation au problème, pas mal de souplesse et de créativité chez les enseignants.

Les classes spéciales ont soulevé certaines réserves ou critiques. Est-il cohérent, à une époque où l'école s'efforce d'intégrer le plus possible d'enfants handicapés dans les classes ordinaires, de retirer de ces classes les élèves dotés des potentiels les plus élevés ? Quel effet peut produire l'attribution immédiate d'une identité d'enfant surdoué ou précoce ? Ne va-t-on pas à l'encontre du but poursuivi en regroupant des enfants qui ont tendance à se singulariser sur les plans psychologique et social ?

La personnalisation des activités et des itinéraires. – Il est clair que les solutions précédentes peuvent parfois se contredire. Cela souligne l'hétérogénéité du regroupement des enfants sous le label « surdoués ». Nous ne connaissons même pas la proportion des surdoués qui rencontrent des difficultés à l'école.

La première réponse consiste en un projet individuel à partir d'une évaluation des points forts et des points faibles. Cela ne peut se faire sans un accueil et un accompagnement des familles. Cela nécessite aussi une formation et un soutien des enseignants qui sont parfois soumis à rude épreuve par les surdoués.

Chapitre IX

LE DEVENIR : LES SURDOUÉS À L'ÂGE ADULTE ET DANS LA VIEILLESSE

En 1911, lorsque Terman commença son enquête, il ne se doutait pas qu'il fournirait aussi une contribution à la future psychogériatrie. En effet, la longévité a augmenté de façon considérable au cours du XXe siècle. Les enfants retenus pour leurs capacités intellectuelles ont fait preuve d'une incroyable aptitude à vivre longtemps et, surtout à bien vieillir.

Un QI élevé dans l'enfance favorise la réussite professionnelle et permet d'atteindre un bon degré d'expertise. Mais il n'implique pas forcément la créativité. Les « Termites » se sont révélées dans l'ensemble des adultes en bonne santé, aisés financièrement, stables et heureux en famille. Bon nombre d'entre eux devinrent des membres respectés de leur profession. Leur objectif principal était d'obtenir le bonheur et ils plaçaient la vie de famille en tête de leurs objectifs.

Le devenir des surdoués nous amène à nous interroger sur le « vieillissement » des États-Unis, d'une part, de la France et de l'Europe, d'autre part. Terman a laissé un travail durable parce qu'il a su tenir compte des valeurs de la civilisation américaine. L'excellence des surdoués implique l'idée de réussite scolaire, professionnelle et sociale. Beaucoup de valeurs sociales et culturelles ont changé près d'un siècle plus tard. Nous n'apprécions plus le devenir des surdoués avec le même système de valeurs.

Les adultes surdoués

Terman s'est intéressé aux caractéristiques de l'adulte surdoué après avoir étudié celles de l'enfant surdoué. Il a rejeté le stéréotype selon lequel une tête bien faite serait forcément celle d'un individu débile physiquement. Il a trouvé, au contraire, que sa cohorte à l'âge adulte se composait d'individus plus grands que la moyenne.

Les surdoués étaient aussi performants que les autres dans les activités physiques. Terman n'acceptait qu'un seul cliché : la plus grande fréquence de la myopie chez eux. Terman a également rejeté l'idée reçue selon laquelle les surdoués seraient moins sociables et plus isolés. La seule différence tiendrait au choix initial de copains plus âgés.

Un aspect important mis en évidence par Terman concerne la *réussite dans la vie*. (Il avait prudemment laissé de côté une question ouverte à jamais : Qu'est-ce qu'une vie réussie ?) Terman a constitué deux groupes à partir de sa cohorte : les 150 qui avaient le mieux réussi professionnellement et les 150 qui avaient le moins bien réussi. Rien ne les distinguait au départ : ni le QI, ni les résultats scolaires. Mais, dès le secondaire, ceux du premier groupe avaient mieux réussi que ceux du deuxième groupe.

La différence n'a fait que s'accentuer au fil du temps. Terman a situé l'origine de la différence dans la famille et le caractère. Les pères, les frères et les sœurs des premiers avaient fait trois fois plus souvent des études supérieures que ceux des seconds. Les premiers ont été jugés plus favorablement que les seconds quant au caractère ; en particulier, ils paraissaient plus ambitieux, plus confiants en eux et plus persévérants.

La réussite matrimoniale. – Terman était persuadé que la réussite professionnelle ou sociale ne suffit pas. Il faut aussi être heureux en mariage. La conclusion de son étude ressemble à la fin d'un conte moderne : « Ils se marièrent, ils furent heureux ensemble et ils eurent des enfants intelligents. » Terman n'eut pas la possibilité de comparer ses surdoués avec une population tout-venant, mais il put au moins les comparer avec deux groupes d'individus de moindre intelligence et moins diplômés.

Lorsque les surdoués atteignirent leurs 35 ans, Terman se mit à évaluer l' « adaptation au mariage ». Il mit au point trois tests pour réaliser cette évaluation : l'un portait sur le bonheur conjugal, l'autre sur l'entente sexuelle et le dernier estimait l'aptitude au mariage.

Terman commença par établir que les surdoués se mariaient davantage et plus tôt que les autres. Le taux de divorce pouvait constituer une variable décisive pour la validité des tests. On pouvait les valider s'ils permettaient de prévoir le destin de l'union conjugale et de repérer ceux qui se sépareraient ou divorceraient.

Lorsque les surdoués arrivèrent au milieu de la quarantaine, on trouva que plus de 90 % d'entre eux s'étaient mariés et qu'ils avaient bien moins divorcé que le reste de la population. 65 % des couples mariés pouvaient être considérés comme heureux ou très heureux. 70 % d'entre eux estimaient que le mariage pouvait apporter la plus grande satisfaction dans une vie.

Le taux de reproduction constituait un enjeu vital pour l'avenir de ce large échantillon. La famille type du surdoué avait 2,4 enfants alors qu'il en aurait fallu 2,8 pour conserver le capital intellectuel du départ.

On testa les enfants des surdoués. On trouva exactement le même QI chez les filles que chez les garçons

– à savoir, en moyenne, 132. Un tiers environ parmi eux obtenaient un QI supérieur à 140 et seulement 2 % avaient un QI inférieur à 100. On trouva seulement 0,8 % d'enfants déficients mentaux parmi la descendance testée.

La vieillesse des surdoués

Ni le départ à la retraite de Terman en 1942 ni sa mort en 1956 n'ont empêché l'enquête de se poursuivre. De nouvelles évaluations eurent lieu au début des années 1950. Le cinquième volume, bien que publié en 1959, était encore cosigné par Terman.

L'étude de la cohorte des « Termites » – sobriquet donné, aux personnes rassemblées par lui – s'est encore poursuivie. La dernière collecte n'a donné matière qu'à un article publié en 1994 – année où les « génies » étaient âgés en moyenne de 78 ans. La cohorte s'était remarquablement maintenue puisque 90 % des sujets étaient encore suivis entre 1921 et 1994.

Certains constats n'ont guère d'originalité. En 1991, les femmes avaient vécu en moyenne six ans de plus que les hommes. Les « Termites » ont poursuivi leurs activités jusqu'à un âge avancé. D'autres constats amènent à s'interroger. Le plus significatif concerne la satisfaction de vie. Alors qu'ils ont vécu dans un monde difficile, qui a beaucoup changé, les « Termites » étaient plutôt satisfaits de leur vieillesse. Ils avaient plutôt réussi leur vie maritale. Enfin, ils partageaient les mêmes regrets que la population générale au sujet de leur vie. Ils regrettaient par exemple de ne pas avoir poursuivi leurs études. Ils exprimaient deux fois plus de regrets de ne pas avoir fait que d'avoir mal fait.

Nous avons la chance de disposer d'un mémoire réalisé en France sur la vieillesse des surdoués. Si tout le tout petit nombre de sujets est sans commune mesure avec la cohorte de Terman, l'étude a l'avantage d'avoir été réalisée en 1999 par un médecin intéressée par les personnes âgées, et mère d'un enfant surdoué.

Annick Bessou a eu l'idée originale de retrouver des membres âgés de l'association MENSA[1]. Elle avait l'assurance d'avoir affaire à des surdoués identifiés par leur QI égal ou supérieur à 132. Sur les 600 adhérents français, 32 étaient âgés de 65 ans ou plus. 28 ont accepté de participer. Ils ont répondu à un questionnaire et à deux échelles d'évaluation : l'une sur l'autonomie et l'autre sur la satisfaction de vie.

L'enquête espérait apporter des éléments de réponse à une question intéressante : le fait d'être surdoué intellectuellement favorise-t-il la réussite de la vieillesse ou est-il, au contraire, un facteur de fragilisation ? Les résultats ont pu être comparés avec ceux de l'enquête ICARE (Investigation sur la chute accidentelle : recherche épidémiologique). Cette enquête réalisée à Toulouse auprès de 400 personnes âgées fréquentant l'université du troisième âge avait défini un vieillissement réussi par l'absence de pathologie sévère et par une bonne autonomie.

Il est rassurant que les facteurs permettant de prédire la réussite du vieillissement parmi l'échantillon MENSA aient été analogues à ceux trouvés dans l'étude ICARE. Il existait pourtant un point d'achoppement. L'étude ICARE avait réparti ses sujets en trois groupes constitués à partir des résultats aux tests psychométriques. Il était apparu que le groupe aux QI les plus élevés présentait une anxiété plus importante, des plaintes mnésiques plus nombreuses et une plus forte consommation de médicaments.

1. A. Bessou, *Que deviennent les surdoués âgés ? Enquête auprès de l'association MENSA. À propos de 28 cas,* mémoire du 15 octobre 1999, Faculté de médecine de Grenoble.

De son côté, l'étude sur les surdoués MENSA a établi leur très haut niveau de satisfaction de vie, malgré des regrets sur le temps passé. « (...) le surdouement, au moins quand il est reconnu, loin d'être un facteur de fragilité, permet une plus grande réussite du vieillissement. »[1] Cela justifierait de parler d'un « été indien » pour les surdoués septuagénaires.

Les critères de réussite sociale

Les problèmes affectifs et sociaux des surdoués ne viennent pas de leur don intellectuel, mais des différences qu'il entraîne. Ces enfants n'ont pas les mêmes centres d'intérêt, ni les mêmes valeurs personnelles. Peu d'entre eux échappent à un conflit entre la quête de l'excellence et la recherche de relations affectives intimes. Il leur faut négocier à chaque étape de leur croissance entre le développement de leur don et la réussite de leur socialisation.

Selon E. Winner[2], les surdoués diffèrent de la moyenne de trois façons : le rapport au travail, le besoin d'indépendance d'esprit et la solitude. Ce sont ces caractéristiques qui expliqueraient leurs performances et leur réussite. Insistons sur le fait qu'ils travaillent beaucoup, qu'ils tirent fierté des résultats de leur travail.

En 1904, Max Weber publia un livre : *L'éthique protestante et l'esprit du capitalisme,* qui est devenu un classique au-delà de la sociologie. Il avait voulu établir une correspondance entre la morale puritaine et l'idéologie nécessaire à l'essor du capitalisme en Occident. La thèse a été reçue tout en suscitant de nombreuses critiques. Les surdoués paraissaient des-

. *Ibid.*, p. 75.
2. E. Winner, *op. cit.*, p. 233.

tinés à incarner de façon exemplaire cette double conjonction.

Le capitalisme d'entreprise implique une organisation méthodique et un état d'esprit spécifique. Le travail s'inscrit dans une culture où l'utile tend à se confondre avec le vertueux. La spécificité du protestantisme est d'avoir donné aux activités temporelles une justification morale. On participe à l'œuvre divine en s'adonnant à des tâches utiles, assignées à chacun par la Providence. L'ascèse protestante a donné une motivation à la passion du travail.

Les surdoués inclus par Terman dans son étude appartenaient pour l'essentiel aux classes moyennes. Ils adhéraient implicitement au capitalisme en plein essor. La société américaine a bien changé depuis ce temps-là.

Chapitre X

L'INTELLIGENCE ARTIFICIELLE EST-ELLE UNE CRÉATION DES SURDOUÉS ?

Une tendance de la mode scientifique conduit aujourd'hui à expliquer la pensée du surdoué à partir de la latéralisation des hémisphères cérébraux. Le cerveau gauche servirait à traiter les informations de façon séquentielle, dans un ordre logique, tandis que le cerveau droit se chargerait de l'intuition, de la créativité et de l'émotivité. Le surdoué serait déterminé par la prédominance du cerceau droit, alors que, dans les sociétés occidentales, le cerveau gauche serait le plus sollicité.

Il me semble plus intéressant d'aborder les rapports des surdoués avec l'intelligence artificielle. L'histoire de cette étonnante discipline, amorcée dans les années 1950 aux États-Unis, est aussi celle de la connaissance des mécanismes de la pensée humaine[1]. Nous ne serons pas surpris en découvrant que cette discipline a été essentiellement promue par des surdoués créatifs.

Une pensée exceptionnelle n'a pas seulement cherché à connaître ou à se représenter, elle a aussi voulu faire une simulation d'elle-même dans une machine exceptionnelle. Les surdoués talentueux et créatifs ont saisi intuitivement l'enjeu pour l'humanité de cette recherche.

1. D. Crevier, *À la recherche de l'intelligence artificielle* (trad. N. Bucsek), Paris, Flammarion, « Champs », 1999.

Qu'est-ce que l'intelligence artificielle ?

L'intelligence artificielle ou IA mérite plus qu'un détour parce qu'une association préconsciente s'est faite entre l'ordinateur et le surdoué. Si, un jour, un ordinateur surpuissant égalait l'intelligence humaine, le robot et le système expert ainsi créés seraient à l'image du surdoué.

L'intelligence artificielle constitue la partie de l'informatique qui a pour but la simulation des fonctions cognitives de l'homme afin de le suppléer dans certaines tâches. Elle permet d'élaborer des procédures automatiques pour rechercher des solutions à toutes sortes de problèmes. Les procédures prennent la forme de programmes mis en œuvre par des ordinateurs.

Il existe un paradoxe à concevoir des machines intelligentes. Le machinisme s'est efforcé de remplacer une partie de la main-d'œuvre par des machines. Un semblant d'intelligence a été introduit avec des mécanismes capables d'autorégulation. L'intelligence artificielle a relevé un nouveau défi : elle cherche à faire réaliser par des machines des activités qui, si elles étaient effectuées par l'homme, relèveraient de l'intelligence.

Le changement majeur a eu lieu avec la conception d'un autre genre de machines : les ordinateurs. Ceux-ci ont montré qu'ils étaient en mesure de réaliser des tâches pouvant être qualifiées d'intelligentes. On considère une action comme intelligente quand la solution n'est pas obtenue par un calcul mécanique, mais au terme d'une série de décisions.

Il s'est produit un effet de réverbération entre intelligences naturelle et artificielle parce que la façon dont ces tâches sont analysées et représentées dans le langage de la machine retentit en retour sur la manière d'analyser et de concevoir l'intelligence humaine. On peut isoler deux aspects de cette interaction. D'une part, la mise au point de programmes très évolués repose sur l'analyse de la manière dont procèdent les humains (par exemple lorsqu'ils jouent aux échecs, lorsqu'ils posent un diagnostic médical). D'autre part, les techniques de simulation font appel à des hypothèses issues de l'étude des mécanismes de la pensée humaine.

Deux cinéastes se sont plus particulièrement penchés sur la question de l'intelligence artificielle et en ont popularisé l'intérêt.

On considère le film *2001. L'odyssée de l'espace* comme l'un des chefs-d'œuvre du cinéma. Le réalisateur Stanley Kubrick a écrit le scénario avec l'un des plus célèbres auteurs de science-fiction : Arthur C. Clarke. Nous disposons, depuis 1968, à la fois du film et du livre écrit d'après le scénario[1]. Il nous raconte les aventures du vaisseau *Explorateur 1* en route vers Saturne. Ce dernier emporte à son bord deux astronautes et l'ordinateur le plus perfectionné de son époque, un miracle de technologie.

Nous laissons de côté le mystérieux monolithe noir découvert sur la lune pour nous intéresser à cet ordinateur. Il joue un rôle aussi important que les humains puisque l'auteur lui a consacré un petit chapitre. « Le sixième membre de l'équipage se souciait bien peu de tout cela [le spectacle de la Terre] car il n'était pas humain. Il s'agissait de CARL 9000, l'ordinateur le plus perfectionné qui fût, cerveau et système nerveux de l'astronef. »[2]

À cette époque, les chercheurs en intelligence artificielle se focalisaient sur deux thèmes majeurs : tout

1. A. C. Clarke, *2001. L'odyssée de l'espace* (trad. M. Demuth), Paris, Éd. J'ai lu, 2002.
2. A. C. Clarke, *op. cit.*, p. 79.

d'abord, limiter l'étendue des recherches par essais et erreurs ; ensuite, arriver à ce que les ordinateurs puissent apprendre par eux-mêmes. Dans le scénario, l'affaire est réglée : on avait créé des cerveaux artificiels aussi puissants que celui de l'homme et de format réduit. CARL avait pu acquérir « des connaissances équivalant à deux ou trois programmes d'études supérieures et, ce qui était plus important, d'en conserver 90 % en mémoire ». CARL considérait de haut ceux dont le QI se traînait au-dessous de 130.

La science-fiction permettait de considérer comme résolue l'existence du critère proposé dans les années 1940 par le mathématicien Alain Turing. « Cet ordinateur *pensait* vraiment »; puisque les hommes étaient capables de converser longuement avec lui sans trouver de réelles différences entre ses réponses et celles que tout homme aurait pu fournir. Le lecteur ne s'étonne donc pas que, si le besoin s'en faisait sentir, CARL puisse prendre le commandement du vaisseau. « Et, s'il n'obtenait aucune réponse [de la Terre], il était alors libre de prendre toute mesure qu'il pouvait juger nécessaire pour assurer la sauvegarde du vaisseau et la réussite d'une mission dont lui seul connaissait le but véritable... »[1]

Le malheur s'introduisit sournoisement dans cet astronef jusque-là heureux. CARL n'a pas pu acquérir un cerveau analogue à celui des humains sans recevoir aussi une personnalité. « L'accomplissement du programme était plus qu'une obsession : c'était la seule raison du cerveau. Libre des tentations et des passions de la vie organique, il se consacrait à sa tâche avec une volonté absolue. »

Rendu monomane par sa conception, CARL se met à commettre des fautes. Mais il les nie parce qu'il ne

1. *Ibid.*, p. 81.

peut pas les reconnaître. L'astronaute survivant doit se rendre à l'évidence : CARL présente tous les signes d'une psychose. L'ordinateur humain n'avait pas supporté d'avoir vécu dans le mensonge, de ne pas avoir pu partager le secret de la mission avec ses collègues humains. Comme d'autres hommes, CARL n'avait pas su faire face à son sentiment de culpabilité.

Une lutte à mort s'engage entre CARL et l'astronaute rescapé. Celui-ci entreprend alors une tâche éprouvante : neutraliser les centres supérieurs de ce cerveau brillant, mais, malade tout en gardant intacts les systèmes de régulation purement automatiques. C'est alors que se déroule l'un des épisodes les plus émouvants. Nous assistons à la lente agonie intellectuelle de CARL. Le retour en arrière de CARL se termine par le souvenir d'une chanson : « Au clair de la lune », juste avant le silence définitif.

L'existence ne se résume pas à l'intelligence

Nous ne pouvons ignorer l'autre film, puisqu'il s'intitule *Intelligence artificielle*. Ce film est sorti en 2001, mais son histoire a commencé bien avant. Nous retrouvons Stanley Kubrick qui vient de terminer son *Odyssée de l'espace*. Il découvre fin 1969 une nouvelle de science-fiction. Elle comprend seulement 200 mots, mais elle suffit à lui donner l'idée d'un nouveau long métrage.

La nouvelle « Les Supertoys durent tout l'été » a été écrite par Brian Aldiss, un Britannique[1]. C'est l'histoire de David, un petit garçon de 5 ans. Il vit un drame parce qu'il ne parvient pas à satisfaire sa mère (dépressive). Il est déconcerté parce qu'il ne peut ad-

1. B. Aldiss, *Supertoys. Intelligence artificielle et autres histoires du futur,* Paris, A. M. Métailié, 2001.

mettre qu'il n'est pas réel, seulement un androïde, une matérialisation de l'intelligence artificielle comme Teddy, son unique compagnon, un ours en peluche.

Commence alors une très longue gestation artistique. Elle n'a toujours pas abouti lorsque la mort emporte Kubrick en 1999. Spielberg hérite des œuvres inachevées du défunt. Aldiss écrit la suite avec deux autres nouvelles. Les trois histoires apportent une ligne directrice suffisante pour faire un film. Celui-ci sort en 2001 sous le titre *AI*.

Le monde a bien changé en trente ans. Il n'était plus nécessaire de créer un androïde car la représentation de l'intelligence artificielle pouvait se faire grâce à la réalité virtuelle. D'autres thématiques sont venues compléter le schéma initial : un petit garçon n'arrive pas à se faire aimer de sa mère pour ce qu'il est réellement.

David provoque malgré lui la mort de sa mère au cours d'une crise de douleur et de désespoir. Il erre dans la ville et il arrive dans une déchetterie pour automates, robots et androïdes. Il tombe dans le coma en se découvrant semblable à eux. : « [Je suis] un produit. Rien qu'un produit. »

Son père, jusque-là préoccupé par sa carrière, connaît des revers de fortune. Il retrouve David. Il lui redonne vie en mettant un cerveau beaucoup plus varié que le précédent. David se réveille après avoir reçu une secousse. Il a une expression de stupéfaction sur le visage. Il vient de faire un rêve pour la première fois. Il est presque devenu humain puisque rêver permet l'évolution de la pensée enfantine. David pense, donc il est, mais sa pensée n'est plus réduite à la seule intelligence.

Le drame du petit androïde, réplique presque impossible à distinguer d'un vrai garçon, c'est de ne pas arriver à se faire aimer pour ce qu'il est réellement, de devoir fonctionner en faux self, de suppléer les failles narcissiques de ses parents. Le super-ordinateur du vaisseau spatial ne ressent aucun complexe d'infériorité puisqu'il est capable des mêmes performances intellectuelles que les astronautes à bord. Il vit pourtant un malaise si profond qu'il en devient psychotique pour une autre raison. Les concepteurs se sont débarrassés en lui de leur conflit de loyauté et leur sentiment de culpabilité. Avec l'intelligence artificielle, les surdoués disposent d'un domaine de recherche qui les renvoie à eux-mêmes et à la compréhension de leur propre fonctionnement, mais qui leur permet aussi, en créant, de transposer les problèmes psychologiques auxquels ils sont confrontés comme surdoués.

Cette mise en relation de l'intelligence naturelle et de l'intelligence artificielle grâce à des surdoués créatifs permet d'insister sur une évidence négligée par les militants français des surdoués : la pensée ne peut se réduire à l'intelligence et celle-ci n'est qu'une des composantes de la nature humaine. Il se trouve que les pathologies les plus graves retrouvées chez les enfants précoces sont des troubles narcissiques et des troubles limites de la psychose.

CONCLUSION

Dès qu'il est question d'enfants surdoués, on tombe souvent dans la passion et on ne peut éviter les controverses. Une option consiste à prendre ouvertement leur parti et à apporter ses forces au groupe de pression. Il en va ainsi des associations de parents d'enfants précoces et leurs alliés professionnels (ils portent fréquemment une double casquette). Une autre option, plus délicate à tenir, conduit à se tenir à distance de la passion, à essayer de rester objectif. C'est celle choisie dans cet ouvrage.

Nous allons résumer ces deux points de vue. Mais les enfants surdoués peuvent aussi intéresser par-delà leur situation particulière. Ils apparaissent comme des révélateurs de l'évolution de notre société. On peut appréhender cette évolution en distinguant leur position sociale au cours de trois époques clés :

- la première, au début du XXe siècle, avec la généralisation de l'enseignement obligatoire et l'épanouissement de la première révolution industrielle ;
- la seconde, juste après la Seconde Guerre mondiale, avec la nécessité de reconstituer les élites sociales et la remise en cause d'un ordre social traditionnel ;
- la dernière, celle des sociétés postindustrielles et individualistes.

Le point de vue militant

Les associations militantes ont œuvré avec constance et efficacité depuis une trentaine d'années. Elles ont réussi à sensibiliser aussi bien un large public que les instances de décision. Elles ont apporté un soutien à des parents déboussolés dans l'éducation de leurs enfants. Elle ont obtenu des mesures concrètes aussi bien dans l'enseignement public que privé.

Les associations militantes insistent sur le fait qu'une précocité intellectuelle non reconnue amène « le plus souvent » l'enfant à avoir des difficultés relationnelles avec ses parents, les enseignants et les autres enfants. Une éducation uniformisante lui fait renoncer à ses dons. En outre, le discours intellectuel évolué de l'enfant masque un grand besoin d'affection et de réassurance.

Le décalage entre le rythme de croissance de l'enfant surdoué et celui imposé par un système éducatif rigide peut engendrer de la passivité ou la révolte. Si l'enfant n'est pas « dépisté », il peut subir des échecs à l'école, compromettre sa future carrière professionnelle.

Le point de vue bienveillant

Des déclarations catégoriques, des exigences univoques d'un groupe de pression finissent par susciter des contre-réactions et des effets pervers. Sans remettre en cause le bien-fondé de ce qui précède, des professionnels de la santé mentale ont émis de sérieuses réserves. Ils trouvent abusives la généralisation à l'ensemble des surdoués et la médiatisation de ces revendications[1].

Un groupe de pression cherche à faire état des plus grands nombres possibles. Les associations françaises n'ont pas hésité à abaisser le seuil de la précocité intel-

1. *Journal français de psychiatrie*, n° 19, 2e trimestre 2003 ; *Le Journal des professionnels de l'enfance*, n° 25, novembre-décembre 2003.

lectuelle à 125. De ce fait, une association revendique 450 000 alors qu'une autre n'hésite pas à monter jusqu'à 700 000 enfants surdoués. Or l'estimation la plus crédible paraît être celle du rapport Delaubier, soit 200 000.

Plus on gonfle les chiffres de façon arbitraire, plus l'hétérogénéité saute aux yeux. Il n'y a pas l'enfant surdoué du mythe, mais *des* enfants surdoués. Leurs destinées peuvent se distinguer en trois tiers, de la réussite à l'échec scolaire. Il est clair que les associations ne recrutent pas du côté des précoces qui réussissent leur scolarité. Cela renvoie à la très faible représentativité de ces associations militantes. Il faut s'occuper d'un enfant surdoué dans sa globalité et ne pas se contenter d'une simple évaluation de son QI.

Les professionnels indépendants des associations supportent mal qu'on veuille les contraindre à rechercher une cause unique et externe aux difficultés psychologiques d'un enfant surdoué. Il s'agit d'une cause externe puisque l'école ignorerait de façon systématique les besoins particuliers de l'enfant. Après le raz-de-marée provoqué au sujet de l'autisme, ils ont vu déferler les vagues apportées par l'hyperactivité, la dyslexie, la dysphasie, et ainsi de suite.

Dans leurs dérives, les militants invoquent les caractéristiques d'une haute intelligence comme cause unique des difficultés rencontrées par un enfant précoce. La génétique ne suffit pas à couvrir toutes les dimensions de l'intelligence. L'excellence intellectuelle dépend aussi de son rapport au désir de l'individu et de l'apport de son entourage, de son milieu.

Il est plus facile pour des parents, et parfois pour des enseignants, de croire que les difficultés de l'enfant sont liées à quelque chose qu'il aurait en plus, à une supériorité plutôt qu'à une souffrance psychique, à une problématique relationnelle. Ils seraient confrontés à la question d'un défaut ou d'un manque. Sur trois demandes de ce genre adressées aux professionnels, une seule correspondrait à la précocité intellectuelle.

Plus globalement, l'intérêt pour les enfants intellectuellement précoces peut être mis en parallèle avec la place faite au travail intellectuel dans nos sociétés et la mise en spectacle généralisé des valeurs culturelles. On a longtemps cru que les individus exceptionnels recevaient leurs dons des dieux. Cette croyance s'est modifiée lorsque les dieux ont été écartés de la sphère publique. On peut toutefois retrouver une partie de cet imaginaire dans deux contes du XIXe siècle.

Mieux vaut être riche et doué que pauvre et débile

Alphonse Daudet a été explicite avec « La légende de l'homme à la cervelle d'or »[1]. L'auteur reprend la dramatisation et la métaphore présente dans la fable de La Fontaine La poule aux œufs d'or. Daudet a matérialisé les facultés intellectuelles : le cerveau est en or puisque sa pensée peut produire de l'or marchand.

Un enfant vient au monde avec une tête trop lourde et un crâne démesuré. La grosse tête le handicape durant l'enfance. Mais, un jour, ses parents découvrent après une chute que le sang sortant de sa tête amène des gouttelettes d'or. Ils comprennent à cette occasion que leur fils a une cervelle en or. Ils gardent la chose secrète et obligent l'enfant à jouer seul pour qu'il ne se fasse pas voler.

L'intéressé apprend seulement à 18 ans le « don monstrueux » qu'il tient du destin. Ses parents lui demandent aussitôt de leur donner un peu d'or en com-

1. Elle fait partie des *Lettres de mon moulin,* recueil publié en 1866 (Paris, Le Livre de poche, 1979, p. 179).

pensation de ce qu'ils ont dépensé pour l'élever. Le jeune homme n'hésite pas : il arrache un morceau d'or de son crâne. Il quitte ensuite la maison paternelle et s'en va de par le monde gaspiller son trésor.

Le jeune homme mène désormais une vie royale, dépensant son or sans compter. Il n'a pas conscience qu'il épuise son corps en même temps que sa réserve d'or. Un matin, il est épouvanté en découvrant l'énorme brèche qu'il a faite dans son trésor. Il décide d'arrêter ses dépenses insouciantes et sa prodigalité.

Le jeune homme mène désormais une existence nouvelle en vivant du travail de ses mains et en fuyant les tentations. Malheureusement pour lui, il tombe amoureux d'une petite femme blonde qui l'aime bien, mais qui aime encore mieux les belles toilettes. Il ne sait pas lui dire non. Il lui donne tout l'or qu'elle demande sans lui révéler le secret de sa fortune. La petite femme meurt deux ans plus tard et l'amoureux transi vide complètement sa cervelle pour lui assurer un bel enterrement.

En écrivant cette histoire triste, Daudet voulait illustrer le sort des pauvres gens qui, comme lui, étaient condamnés à vivre de leur cerveau – à savoir, de leurs productions intellectuelles ou artistiques. C'est une douleur chaque jour d'extraire de quoi payer les moindres choses de la vie.

Cette histoire rappelle aussi le sort réservé autrefois aux surdoués issus des classes défavorisées. On peut rencontrer des surdoués dans tous les milieux sociaux, mais on en trouve beaucoup plus dans les milieux aisés et cultivés. Dans la cohorte de Terman, près du tiers des sujets venaient de familles des classes moyennes où le père exerçait une profession libérale. Or celles-ci ne représentaient à l'époque que 3 % environ de la population.

Intelligence et narcissisme vont bien ensemble

L'autre conte remonte aussi au XIXe siècle. Il s'agit du « Vilain petit canard » écrit par Andersen[1]. Sa remarquable ambiguïté lui a permis d'illustrer toutes sortes de destinées humaines. Il est probable qu'au XIXe siècle l'auteur songeait davantage à l'homosexualité. Mais, de nos jours, ceux qui veulent le bien des surdoués voient en eux de vilains petits canards. La mutation est d'autant plus profitable que le vilain petit canard a été enrôlé sous la bannière de la résilience.

Binet notait déjà, en 1911, que la vanité s'allume chez les élèves trop intelligents, « surnormaux ». Ceux qui veulent le bien des surdoués rejettent cette évidence. Certes le surdoué se définit par des résultats nettement supérieurs à la moyenne aux tests d'intelligence. Mais ce qui compte, c'est qu'il soit différent.

Ils oublient que le problème du vilain petit canard, ce n'est pas l'intelligence, mais la beauté. « Et fi ! Quelle mine a l'un de ces canetons », lance une cane spectatrice avant de venir lui mordre le cou. Le pauvre caneton qui était sorti de l'œuf le dernier et qui était si laid finit par être rejeté par ses frères et sœurs ainsi que par sa mère.

Le vilain petit canard est obligé de quitter la basse-cour et de se lancer à l'aventure. Il finit par être gelé et pris dans la glace. « Ce serait trop triste de raconter toute la misère qu'il a dû subir durant cet hiver rigoureux », nous assure l'auteur avant d'amener l'heureux dénouement.

Un jour, notre héros aperçoit des cygnes. Il y trouve son idéal mais celui-ci lui paraît inaccessible. Il nage vers eux en s'attendant à être massacré. Mais,

1. A. C. Andersen, *Contes choisis,* Paris, Gallimard, « Folio », 1990, p. 133.

comme Narcisse, il penche sa tête à la surface de l'eau. Il y voit son image, non pas celle que lui renvoyait son entourage, « un oiseau tout gauche, laid et vilain », mais l'image idéale du cygne. « Tout le monde dit :
– "Le nouveau est le plus beau ! Si jeune, si joli !" »

Le conte a le mérite d'attirer l'attention sur la dimension narcissique de la personnalité du surdoué.

L'intelligence peut-elle être mise en spectacle ?

Au cours du XXe siècle, les surdoués ont eu affaire à un monde qui leur a laissé un secteur à peu près inchangé : celui réservé à l'élite intellectuelle. Tout est bouleversé depuis dix à vingt ans. Nous appréhendons désormais le réel par le biais des médias. Cinéma, télévision et ordinateur nous fournissent sans cesse des images qui nous incitent à nous bricoler une vision du monde. Pour les intellectuels, le passage à la télévision leur fournit une plus-value émotionnelle, narcissique et marchande. La recherche du sensationnel prend le pas sur l'échange raisonné et la réflexion.

Le système traditionnel de valeurs a explosé. Les centres d'intérêt se sont multipliés. La classe supérieure s'est agrandie par l'apport de nouvelles catégories où la créativité prime sur la performance intellectuelle : publicitaires, réalisateurs, scénaristes, artistes, yuppies. Les surdoués ont dû multiplier les formes d'intelligence et se montrer créatifs pour arriver à suivre ce mouvement.

Face à la pléthore alimentée par les médias, il vaut mieux une tête capable de renouveler son bagage plutôt qu'une tête bien pleine. Comme l'écrivait Montaigne, l'instruction n'est pas un vase que l'on remplit, mais un feu qu'on allume.

La culture n'est plus une fin en soi. Il ne s'agit pas de tout ingurgiter, mais de savoir utiliser sa grille de lecture pour s'informer, pour comprendre, pour juger. La culture doit surtout donner des moyens de décrypter le monde. On ne demande plus de citer par cœur des poèmes, de connaître l'œuvre des poètes majeurs, mais de comprendre ce qu'est la poésie, quels sont parmi ses enjeux ceux qui nous concernent.

BIBLIOGRAPHIE

Approche neuropsychologique des apprentissages chez l'enfant (ANAE), « L'enfant surdoué : détection et prise en charge », n° 67, juin 2002.

Ada A., *Le livre de l'enfant doué,* Paris, Solar, 1999.

Chauvin R., *Les surdoués,* Paris, Stock, 1975.

Côte S., *Doué, surdoué, précoce. L'enfant prometteur et l'école,* Paris, Albin Michel, 2002.

Craecker R. de, *Les enfants intellectuellement doués,* Paris, PUF, 1951.

Delaubier J.-P., « La scolarisation des élèves intellectuellement précoces », Rapport à M. le Ministre de l'Éducation nationale, janvier 2002.

Grubar J.-C., Duyme M., Côte S., *La précocité intellectuelle. De la mythologie à la génétique,* Liège, Mardaga, 1997.

Huteau M., Lautrey J., *Les tests d'intelligence,* Paris, La Découverte, 1997.

Journal français de psychiatrie, « La culture des surdoués », n° 19, 2e trimestre 2003.

Le Journal des professionnels de l'enfance, n° 25, novembre-décembre 2003.

Neuropsychiatrie de l'enfant et de l'adolescent, « Les surdoués », n° 10-11, octobre-novembre 1979.

Roux-Dufort L., Les enfants intellectuellement précoces, *in* S. Lebovici, R. Diatkine, S. Soulé, *Nouveau traité de psychiatrie de l'enfant et de l'adolescent,* Paris, PUF, 1995, p. 2831.

Siaud-Facchin J., *L'enfant surdoué. L'aider à grandir, l'aider à réussir,* Paris, Odile Jacob, 2002.

Terrassier J.-C., *Les enfants surdoués ou la précocité embarrassante,* Paris, ESF, 1981 (1999).

Terrassier J.-C., Gouillou P., *Le guide pratique de l'enfant surdoué,* Paris, ESF, 1998 (2001).

Winner E., *Surdoués ; mythes et réalités* (trad. A. Gibson, C. Larsonneur) Paris, Aubier, 1997.

Le site internet le mieux documenté est : www.douance.org.

TABLE DES MATIÈRES

Imprimé en France
par Vendôme Impressions
Groupe Landais
73, avenue Ronsard, 41100 Vendôme
Mars 2004 — N° 51 070